AF496193

VOIAGES
HISTORIQUES
DE
L'EUROPE
DEDIEZ AU ROI,

CONTENANT L'ORIGINE, la Religion, les Moeurs, Coûtumes & forces de tous les peuples qui l'habitent, & une Relation exacte de tout ce que chaque Païs renferme de plus digne de la curiosité d'un Voiageur.

Avis au Relieur.

La Carte generale de France doit être mise à la page 1

Et la Carte des environs de Paris à la page 180

VOYAGES HISTORIQUES DE L'EUROPE,

TOME I.

Qui comprend tout ce qu'il y a de plus curieux en France.

A PARIS,

Chez PIERRE AUBOUYN, Libraire & Imprimeur de Mgr le Duc de BOURGOGNE, & de Mgr le Duc d'ANJOU,
PIERRE EMERY
ET
CHARLES CLOUZIER.

Quay des Augustins à l'Ecu de France & à la Croix d'or.

M. DC. XCIII.

AVEC PRIVILEGE DU ROY.

AU ROY.

SIRE,

Aprés toutes les graces que j'ai reçûës de VÔTRE

MAJESTE' *qui a pris ma famille ſous ſa protection, j'ai lieu d'eſperer qu'Elle aura auſſi la bonté de proteger mes* Voiages Hiſtoriques de l'Europe, *que je conſacre à* VÔTRE MAJESTE' *par un effet de la reconnoiſſance que je lui dois pour tant de bienfaits. Une plume plus éloquente que la mienne,* SIRE, *ne manqueroit pas de loüer ici la pieté de* V. M. *protecteur des Rois & des Princes injuſtement perſecutez, & de s'étendre ſur la gloire de vos armes & la rapidité de vos Conquêtes : mais cette matiere est trop relevée pour moi, & je me contente de dire, que quelque grand que soit le nombre de vos ennemis, nous sommes persuadez, que voiant le Ciel favoriser visiblement la justice de vos armes, ils ouvriront enfin les yeux pour reconnoître l'injustice avec laquelle ils ont allumé la guerre dans l'Europe, & qu'ils accepteront enfin la paix que V. M. ne cesse de leur offrir dans sa plus grande prosperité. J'espere que je verrai vôtre gloire*

& le succés de vos armes égaler les souhaits que je fais tous les jours, avec tout le zele dont est capable,

SIRE,

De Vôtre Majesté,

Le tres-humble, tres-obeissant & tres-fidelle sujet & serviteur,

C. JORDAN.

AVIS AU LECTEUR.

AYANT été douze à treize ans dans les païs étrangers, j'en ai emploié une partie à voiager, & l'autre à l'exercice d'un emploi qui m'a donné beaucoup de connoissance & d'habitude dans les principales Cours de l'Europe ; ainsi j'ai eu lieu de faire plusieurs remarques curieuses touchant la Religion, les coûtumes, les mœurs & les forces de diverses nations, aussi bien que sur les raretez qui se trouvent dans leur païs, que j'ai jointes aux memoires d'un sçavant homme de mes amis, qui a emploié vingt-deux ans à les ramasser, & qui n'a pas vêcu assez long-temps pour les mettre dans l'ordre qu'ils devoient être. Et considerant l'utilité que le public en pourroit tirer, j'ai resolu de les mettre au jour sous le titre de *Voiages historiques de l'Europe*.

J'ai dessein de les reduire en huit volumes, qui paroîtront l'un aprés l'autre, & qui seront tellement detachez les uns des autres, qu'il n'y aura que la seule curiosité de sçavoir generalement tout ce qu'il y a de remarquable en Europe, qui engage de les avoir tous. Le premier n'est rempli que de ce qu'il y a de curieux en France, qui pour être trop familier ne paroîtra peut-être pas ſi agréable que ceux qui ſuivront, quoi-qu'il renferme cependant beaucoup de choſes qui n'avoient pas été remarquées.

Le ſecond qui paroîtra dans peu, traitera de l'Eſpagne & du Portugal. Le troiſiéme de l'Italie. Le quatriéme de l'Allemagne, de la Suiſſe & de la Hongrie. Le cinquiéme de la Moſcovie, de la Turquie & de la Tartarie. Le ſixiéme regardera la Pologne, la Suede & le Danemarck. Le ſeptiéme, la Hollande & les Païs-bas. Et le huitiéme comprendra l'Angleterre, l'Ecoſſe & l'Irlande. Ainſi ceux qui n'auront de la curioſité que pour quelqu'une de ces parties de l'Europe, n'auront beſoin que des volumes qui en traiteront.

Avant d'entrer dans le détail des remarques que j'ai faites, j'ai d'abord donné une idée generale de la ſituation de l'Europe & des Provinces dont je parle, que j'ai accompagné de Cartes tres-exactes & plus particulieres que toutes celles qui ont paru jusqu'à present.

Au reste je n'ai pas une assez forte opinion de moi-même pour croire mon ouvrage sans défaut ; il s'en trouve peu de cette nature qui en soient exemps : mais au moins n'ai-je rien negligé pour le rendre le plus correct & le plus instructif qu'il m'a été possible;

& s'il y a quelqu'un qui ait des memoires propres pour y entrer & qu'il veüille bien me les communiquer, je leur en ſerai tres-obligé ; & afin que le public ſçache à qui il en eſt redevable, je citerai leur nom en inſerant leurs memoires, s'ils me le permettent.

Comme j'ai plus reſpiré l'air de la Province & des païs étrangers que celui de la Cour, on ne doit pas s'attendre de trouver ce traité écrit avec toute la politeſſe de nôtre langue, & je pourrois dire ici (ſans vouloir par-là juſtifier mon incapacité) que ce qui fait la delicateſſe d'une choſe, n'en eſt pas toûjours le plus utile.

TABLE
DES CHAPITRES
de ce Volume.

Table des Chapitres.

Fin de la Table.

EXTRAIT DU PRIVILEGE du Roi.

PAr grace & privilege du Roi, donné à Paris le 10. Aoust 1692. signé par le Roi en son Conseil PETIT, & scellé ; Il est permis au Sieur CLAUDE JORDAN, de faire imprimer un Livre intitulé *Voiages historiques de l'Europe*, par lui composé, en autant de volumes qu'il jugera à propos, pour le tems & espace de huit années, à compter du jour que chaque volume sera achevé d'imprimer ; faisant Sa Majesté défenses à tous Imprimeurs, Libraires & autres, de contrefaire ledit Livre, ni même d'en vendre de contrefaits, ni d'impression étrangere, à peine de trois mille livres d'amande, confiscation des exemplaires contrefaits, & de tous dépens, dommages & interêts, ainsi qu'il est porté plus au long par ledit Privilege.

Registré sur le Livre de la Communauté des Libraires & Imprimeurs de Paris, le 12. Aoust 1692. Signé, P. Aubouyn, Syndic.

Achevé d'imprimer ce volume pour la premiere fois, le 22. Septembre 1692.

Les Exemplaires ont été fournis.

De l'Imprimerie de Laurent Rondet.

LA FRANCE
Avec Ses Acquisitions
Iusqu'a l'Année
PARTIE D'ANGLETERRE
LA MANCHE ou CANAL
MER
OCEANE
MER MEDITERRANEE
FRONTIERES D'ESPAGNE
PICARDIE
NORMANDIE
BRETAGNE
BEAUSE
POICTOU
AUNIS
SAINTONGE
ANGOUMOIS
LA MARCHE
LIMOSIN
PERIGORT
AUVERGNE
GUIENNE
ROVERGUE
LANGUEDOC
BOURGOGNE
BOURBONNOIS
LORRAINE
COMTE
FRANCHE
BRESSE
LION
SAVOYE
DAUPHINE
PROVENCE
PARTIE D'ITALIE
SUISSES
Echelle

VOYAGES HISTORIQUES DE L'EUROPE.

CHAPITRE PREMIER.

De l'Europe en general.

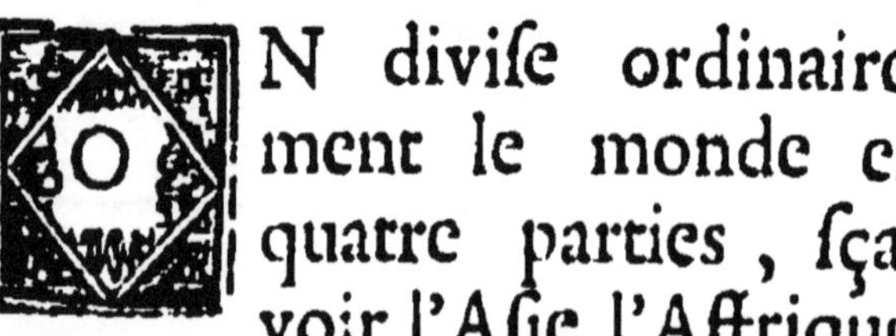

ON divise ordinairement le monde en quatre parties, sçavoir l'Asie, l'Affrique, l'Amerique & l'Europe. Cette derniere est la plus petite de L'Europe.

toutes : mais ſans contredit la plus conſiderable, puiſqu'elle eſt la plus peuplée, la plus fertile & la mieux policée. Ses bornes ſont au Septentrion, l'Occean Septentrional ou glacial ; au Couchant l'Occean atlantique ; la Mer Mediterranée au midi, qui la ſepare de l'Affrique ; & au Levant la Mer Egée, le Détroit de Galipoli, la Mer Marmara, le Détroit de Conſtantinople, la Mer Noire, le Limen ou Palus-Meotides, le Tanaïs, &c. qui la ſeparent de l'Aſie.

Ses bornes.

Sa longueur, à la prendre depuis le Cap de Saint Vincent au couchant d'Eſpagne, juſqu'à l'embouchure du fleuve Obi, frontiere de Moſcovie, eſt d'environ treize cens lieuës.

Ses Etats.

On conſidere l'Europe, outre les terres de l'Eglise en Italie, en deux Empires, celui d'Allemagne, & la Turquie: en sept Roiaumes possedez par sept Rois differens qui ne reconnoissent point de superieurs; sçavoir, la France, l'Espagne, l'Angleterre, le Portugal, la Suede, le Dannemark & la Pologne. Les six premiers sont hereditaires, & le dernier électif. Il y a huit Electorats, Mayence, Treves, Cologne, Bohéme, Baviere, Saxe, Brandebourg & le Palatinat, qui sont tous des Etats souverains, sous le titre de Duchez, Marquisats, &c. Nous avons encore en Europe deux grands Duchez, la Moscovie & la Toscane; six autres Duchez outre ceux qui sont enclavez dans l'Empire; sçavoir, la Lorraine, la Savoye, Mantouë, Modéne, Parme & Curlande : sept Republiques, sçavoir les Provinces-Unies, autrement dit la Hollande, Suisse, Venise, Genes, Luques, Saint Marin & Raguse. Il y a outre cela l'Archiduché d'Autriche, patrimoine de l'Empereur, qui possede aussi la Bohéme & la Hongrie. Quant aux Principautez de Transylvanie, de Moldavie & de Valaquie ; elles sont possedées par des Princes particuliers, qui sont tributaires de l'Empereur ou du Grand Seigneur, & quelquefois des deux ensemble.

Ses Isles. Les Isles principales de l'Europe, sont l'Angleterre jointe à l'Ecosse, Majorque, Minorque, l'Irlande, la Sicile, la

Sardaigne, Corse & Candie, & une infinité d'autres qui composent l'Archipel. Et ses plus hautes montagnes sont en France les Pirenées & les Alpes, la Siera-Morera en Espagne; l'Apenin en Italie; le Parnasse en Grece; le Crapack en Pologne; le Riphée en Moscovie, & le Mont-Gibel en Sicile.

Ses Montagnes.

Cette partie du monde est arrosée d'une infinité de fleuves & de grosses rivieres, qui ne contribuent pas peu à sa fertilité. Voici les plus considerables: la Seine, la Loire, la Garonne & le Rhône en France. La Doüere, le Tage, la Guadiane, le Guadalquivir & l'Ebre en Espagne; le Pô & le Tibre en Italie; le Danube, le Rhin, l'Elbe & l'Oder en

Ses Rivieres.

Allemagne ; la Viſtulle & le Nieper en Pologne ; le Volga & le Dom en Moſcovie ; la Tamiſe en Angleterre ; le Tay en Ecoſſe, & le Schanon en Irlande.

CHAPITRE II.

De la France en general.

De la France. LA France eſt à l'Europe ce que l'Europe eſt aux autres parties de la terre, c'eſt à dire la plus peuplée, la plus fertile, la plus policée, & même la plus guerriere. Ce Roiaume eſt ſitué entre le quarante-deux & le cinquante-uniéme degré de latitude, & le quinze & dix-neuviéme de longitude. Elle eſt bornée à l'Occident par le grand Occean ; à l'Orient par le Rhin & les Alpes, qui la ſeparent de l'Allemagne & de l'Italie. Au Midi de la Mer Mediterannée & des Pirenées qui la ſeparent de l'Eſpagne ; & enfin elle a au Septentrion la Manche ou Canal qui la ſeparent de l'Angleterre : mais ces bornes n'ont pas empêché les Rois d'étendre ſouvent au delà les limites de leurs Etats, & ſans en chercher des exemples dans les ſiecles paſſez, perſonne n'ignore que de nos jours, le Rhin, les Alpes, ni les Pirenées n'ont pû arrêter la rapidité des conquêtes de Loüis le Grand. *Ses bornes*

La France a environ deux cents ſoixante lieuës de long, à prendre depuis les Côtes de Bretagne, juſqu'aux frontieres *Son étenduë.*

de Suiſſe, & deux cents quarante de large, en prennant depuis Dunkerque juſqu'à Perpignan.

Le Roiaume eſt compoſé de trois Etats, le Clergé, la Nobleſſe & le Peuple. En 1614 les Etats géneraux du Roiaume aiant été convoquez à Paris, y comparurent ſous douze grands Gouvernemens; qui ſont la Picardie, la Normandie, l'Iſle de France, la Champagne, la Bretagne, l'Orleanois, la Bourgogne, le Lionnois, le Dauphiné, la Provence, le Languedoc & la Guienne; & ſous ces Gouvernemens ſont compris le Maine, l'Anjou, la Touraine, le Poitou, la Xaintonge, le Perigort, le Limozin, le Querci, Roüergue, l'Auvergne, le

Ses Provinces.

Gevodan l'Albigeois, le Bearn, la Bigore, Foix, Comminges, l'Armagnac, le Vivarez, le Forest, le Beaugelois, le Bugeay, le Valromay, la Bresse, le Nivernois, le Bourbonnois, le Berri, la Salogne, le Gatinois, la Beauce, &c.

Tout cela fait assez connoître que la France doit être un puissant Etat, puisqu'elle renferme une si grande quantité de belles Provinces, dont quelques-unes contiennent plus de villes, bourgs & villages, que beaucoup de Roiaumes & Principautez souveraines : mais si on y ajoûte les Conquestes de Loüis le Juste & celles de Loüis le Grand, on trouvera que les limites de ce Roiaume sont d'une beaucoup plus grande

Ses conquêtes.

étenduë depuis que ces deux Monarques ont soûmis la Franche-Comté, la Lorraine, l'Alsace, l'Artois, partie de la Flandre, le Hainaut, le Luxembourg, &c.

La France, que les anciens ont connuë sous le nom de Gaule, est un Roiaume hereditaire, dont la Couronne, en vertu de la Loy Salique, ne peut tomber en quenouille; c'est-à-dire que les filles n'en heritent pas: elle appartient toûjours au fils aîné, & faute de fils au plus proche parent. La France a veû sur son Trone des Princes de trois races; la premiere est celle de Meroüée, la seconde celle de Charlemagne, & la troisiéme celle de Hugues Capet. Pharamond a été le premier Roi

Ses Rois.

de France ; il commença à regner l'an 420. de nôtre salut, & Clovis, qui est le cinquiéme Roi de cette Monarchie, fût le premier qui embrassa le Christianisme en 499. ayant été bâtisé par saint Remi Evêque de Reims ; & c'est depuis ce tems-là que nos Rois portent le glorieux titre de *Roi Tres-Chrestien & Fils ainé de l'Eglise*, qu'aucun Potentat ne leur dispute.

A l'égard de l'humeur des François, ils passent pour avoir l'esprit vif & penetrant ; pour les plus civils, les plus polis, les plus genereux : mais aussi les plus inconstans & les plus impatiens de l'Europe. Des mœurs.

On compte en France dix-huit Archevêchez, qui ont sous leurs dependances cent Archevêchez.

onze Evêchez : en voici une liſte dans le rang que ma memoire me les appelle, ſçavoir Paris, Lion, Roüen, Tours, Reims, Sens, Cambray, Bourges, Bourdeaux, Auch, Vienne, Ambrun, Toulouſe, Narbonne, Aix, Arles, Avignon, & Treves, qui ont cent vingt-cinq Evêchez Suffragans. Quatorze Parlemens ou Cours ſouveraines, ſçavoir Paris, Toulouſe, Grenoble, Bourdeaux, Dijon, Roüen, Aix, Rennes, Pau, Metz, Tournay, Perpignan, Beſançon & Chamberi.

Parlemens.

Outre une infinité de Colleges, dont toutes les villes de France ſont pourvuës pour l'inſtruction de la jeuneſſe, elle a ſeize celebres Univerſitez, qui ſont celles de Paris, Toulouſe,

Univerſitez.

Montpellier, Orleans, Angers, Poitiers, Caën, Bourdeaux, Bourges, Cahors, Nantes, Reims, Valence, Aix, Avignon & Orange.

Voila ce que j'avois à dire de la France en géneral, je passe presentement aux remarques que j'y ay faites dans mes voiages, en commençant par la Provence, puis que c'est une des extremitez du Roiaume.

CHAPITRE III.

De la Provence.

LES Geographes divisent ordinairement la Provence en haute & basse, la haute est fort montagneuse & sterile; mais en échange, la

Provence.

basse peut passer pour un Paradis terrestre : & si l'Histoire sainte ne nous enseignoit que les fleuves de Phison, Gehon & celui de l'Euphrates environnoient le Jardin d'Edem, que Dieu donna en partage à nôtre premier Pere ; nous aurions lieu de croire que ce Paradis de delices, étoit dans la basse Provence. L'air y est si doux & le terroir si bon, qu'il produit abondamment du bled, du vin, de l'huile, de la soye, quantité d'excellens fruits & au plus fort de l'hiver, on n'a pas de la peine à y trouver des fleurs d'Orange, du Jasmin, des Roses & des Oeillets.

Les Provenceaux en general passent pour être plus rudes, que ceux qui habitent les Provinces voisines. Peut-être que la proximité de la Mer & l'abord de toutes les Nations étrangeres qui y viennent negocier, n'y contribuë pas peu : les femmes y sont assez jolies & ont la voix fort belle.

Aix en est la capitale : c'est une grande & belle ville : les maisons y sont bâties à la moderne, & celles qui bordent le Cours, sont autant de Palais: C'est le Siege du Parlement de la Province, & celui d'un Archevêché : il y a une Université, pour le Droit & la Medecine de la fondation de Henri le Grand. Les Eglises y sont tres-belles, & les curieux ne manquent pas d'examiner les Fonts de bâtême de celle de saint Sauveur, soûtenus de huit Colonnes de Mabre, sur lesquelles on dit qu'on sacrifioit Aix.

autrefois à Bahal. Dans l'Eglise des Carmes on voit le Sepulchre de René Roi de Jerusalem.

Sallon. A quelques lieuës d'Aix il y a un bourg qu'on nomme Sallon, où *Nostre-Damus* fameux par ses predictions, est né & enterré dans l'Eglise des Cordeliers, son tombeau étant moitié dans l'Eglise & moitié dehors : ce qui a donné lieu à quelques-uns de dire que c'étoit parce qu'on ne sçavoit s'il étoit prophete ou sorcier. Mais un Religieux qui nous le montra, nous en parla dans d'autres termes ; il nous dit que

Nostre-Damus. *Nostre-Damus* l'avoit fait construire lui-même de cette sorte, parce que trouvant le monde trop corrompu, il voulut l'abandonner d'une maniere assez singuliere ; car aiant fait faire son tombeau à la hauteur d'un homme, il s'y fit enfermer en vie, aprés avoir fait provision d'huile pour sa lampe, d'ancre & de papier, & prédit malheur à celui qui le feroit ouvrir avant un certain tems, qui, au calcul du Cordelier, ne doit expirer qu'au commencement du dix-huitième siecle.

Et sur ce que je dis au Pere que par l'épitaphe qu'on lit sur ce tombeau, il ne paroît pas qu'il ait été enterré vif, mais bien qu'il est mort le 2. Juillet 1566. âgé de soixante-deux ans, six mois & dix-sept jours; il me repliqua, que de ce jour il étoit mort au monde, & qu'en grâvant cette épitaphe, on avoit suivi les ordres qu'il avoit donnez, ainsi qu'on pouvoit le justifier par les Registres du Convent : & enfin qu'il avoit voulu partie de son tombeau dans la ruë; pour donner à connoître ce reste de vie humaine, qu'il emploia peut-être à des ouvrages saints. Pour moi, j'aurois eu de la peine à en croire le Religieux, si le respect qu'on doit à son caractere ne me persuadoit qu'il ne doit sortir de sa bouche aucune imposture : quoiqu'il en soit, je ne sçai si le bon homme *Nostre-Damus* ne se repentit pas, & bien lui en prit, s'il empêcha sa lampe de s'éteindre avant d'avoir parachevé ce qu'il avoit à écrire.

Beaucaire. Beaucaire est une Ville située sur les bords du Rhone; fameuse par sa Foire du vingt-deuxiéme de Juillet, qui y attire toutes les Nations de l'Europe & des richesses immenses.

A l'autre côté de la riviere on voit la Ville de Tarascon, où René Roi de Jerusalem & de Sicile fit bâtir un assez beau Château. Il y a quelques années qu'un homme faisant creuser dans sa cave qui étoit assez proche de la riviere, trouva un mur avec une porte de fer qu'il fit ouvrir, & y vit un conduit vouté, d'où il entendit un bruit si effroiable, qu'il n'osa pousser sa curiosité plus loin. Cependant les Magistrats de la Ville en aiant eu connoissance, voulurent sçavoir ce que c'étoit. Ils promirent la vie à un homme condamné à la mort, s'il Tarascon.

alloit reconnoître cette gallerie soûterraine.

Lieu soûterrain.

Cet homme s'étant muni de tout ce qu'il crut capable de le rassûrer, y entra : mais à peine eut-il fait vingt-cinq à trente pas qu'il revint tout effraié, criant qu'on le pendît, ne voulant pas mourir d'une mort inconnuë : il dit qu'il entendoit un bruit effroiable qui augmentoit à mesure qu'il avançoit. Aprés lui avoir laissé rappeller ses esprits jusqu'au lendemain, on lui offrit de nouveau sa grace & quelque argent, s'il vouloit passer jusqu'au bout. Cet allechement le determina à franchir tous les dangers, & aiant pris de nouvelles forces, il fut jusqu'au fonds, où il trouva une autre porte de fer : il heurta (à ce qu'il dit) ſans recevoir nulle réponſe : il ajoûta que le grand bruit étoit à moitié chemin & paroiſſoit être ſur ſa tête.

Ce recit augmenta la curioſité de Meſſieurs de Taraſcon, & les obligea d'y envoier des ouvriers pour enfoncer cette porte : mais la repugnance ou la crainte l'emportant ſur l'obéïſſance & le devoir, on n'en trouvoit point d'aſſez reſolus, parce qu'on regardoit cette porte comme la derniere qui conduiſoit en enfer. On trouva pourtant le moien de les gagner, en leur perſuadant que ce pouvoit bien être quelque treſor, & que ſi effectivement c'en étoit un, on leur en donneroit la vingt-cinquiéme partie : alors on trouva des ouvriers plus qu'il n'en faloit ; & la porte aiant été bien-tôt ouverte, on trouva qu'elle conduisoit dans la Ville de Beaucaire, que c'étoit une communication soûterraine d'une Ville à l'autre, & que ce bruit n'étoit autre chose que la rapidité du Rhone, dont les pierres qu'il entraînoit retentissoient dans cette voute. Depuis ce tems-là les Massons de Tarascon disent que la vingt-cinquiéme partie de Beaucaire leur appartient.

Arles. Arles, autrefois la Capitale d'un Roiaume, est aussi située sur les bords du Rhone, en tirant vers la mer : on tient que l'air n'y est pas fort sain, & qu'il y a un lieu soûterrain qui conduit à Nîmes :

mais je n'en ai point pû trouver de certitude.

On y voit deux Portiques d'une structure admirable, bâtis par les Romains, & le Sepulcre de Roland neveu de Charlemagne. Il y a dans l'Hôtel de Ville une Statuë de Diane en marbre ; cette Déesse avoit autrefois un Temple dans une Isle que le Rhone forme au-dessous de la Ville. Les voiageurs qui s'attachent aux Tombeaux antiques, en trouveront prés d'Arles en quantité. On dit que les Paiens appelloient cet endroit les Champs Elisées, & que ceux qui habitoient le long du Rhone jusqu'à Lyon, voulant que leurs morts y fussent enterrez, les attachoient sur des planches, a- Chams Elisées.

vec l'argent necessaire à leurs sepultures, & les exposoient sur le Rhone, étant persuadez que le courant de l'eau les meneroit immanquablement jusqu'aux Champs Elisées, sans passer plus avant.

On me montra la maison où l'on avoit nourri huit enfans jumaux, que la mere avoit voulu faire jetter dans la riviere, n'aiant conservé que le neuviéme; & on me dit que c'étoit par une punition de Dieu que cette femme avoit eu une couche si feconde, parce qu'elle avoit accusé d'impudicité une mendiante, à cause qu'elle en avoit eu trois, laquelle lui en souhaita autant qu'une Truie fait de pourceaux : mais que la chose soit vraie ou fabuleuse, il est certain

certain que ce n'est pas dans ce seul endroit où l'on pretend que ces sortes de prodiges sont arrivez, & j'ai vû en Hollande le Château d'une Dame, qui, dit-on, en fit d'une seule portée autant qu'il y a de jours en l'année : j'en dirai de plus grandes particularitez dans mon Voiage de Hollande.

Saint Maximin est une petite Ville aux environs d'Aix, recommandable par la sainte Ampoule qu'on y conserve, & qui y attire des pelerins de toutes les parties de l'Europe. On pretend que dans cette sainte Ampoule il y a du sang & de l'eau sortis du côté de Nôtre Sauveur, qui par un miracle, remuë tous les Vendredis Saints, depuis onze

S. Maximin.

heures jusqu'à midi.

Je m'y trouvai en 1679. à pareil jour, & voici ce que je remarquai. On nous fit monter dans une gallerie gardée par six Allebardiers à chaque bout, tant pour empêcher le desordre, que pour la seureté de ce precieux dépôt. Au milieu de la gallerie dans une espece de recoin, nous trouvâmes un Pere Jacobin tenant la sainte Ampoule dans la main ; c'est une phiole à peu prés de la forme de nos horloges de sable, dans laquelle on voit une liqueur claire comme eau de roche, avec de petits grains noirs qui voltigeoient dans cette phiole, & qui paroissoient vouloir aller au fonds, & quelquefois remontoient en haut tout à coup.

Cette devotion attire un grand profit à ce Convent, & les habitans du lieu ne ſeroient pas fâchez que le miracle arrivât plus ſouvent; on voit dans la même Egliſe le Chef de la Magdelaine dans une chaſſe d'or, & ſon corps dans une autre.

Delà nous montâmes pendant environ quatre heures, pour nous rendre à la Sainte Baume par un deſert affreux; c'eſt le lieu où l'on dit que la Magdelaine fit penitence; & l'on voit dans une grotte où l'eau du rocher coule partout, un endroit ſec, qu'on dit être le lieu où la Magdelaine couchoit. Il y a un petit Convent de Jacobins, & Sainte Baume.

un ſeul cabaret qui leur appartient, & où nous étions plus de quatre mille perſonnes aſſez incommodez. Le lendemain nous montâmes au-deſſus des nuës, du moins lorſque nous fûmes au ſaint Pilon, nous voïons les nuës ſe former beaucoup au-deſſous de nous : c'eſt de cet endroit là, dit-on, que les Anges portoient à manger à la Magdelaine penitente. Enſuite nous nous rendîmes par un continuel deſert à Toulon ; car nous fîmes plus de huit lieuës ſans rencontrer une ſeule maiſon, pas même une goute d'eau pour boire.

Toulon Toulon eſt une fort belle Ville, ſituée ſur les bords de la Mer Mediterranée : elle a un fort bon port, où les plus gros vaisseaux du Roi sont à couvert des injures de la mer & des insultes des ennemis. Le Roi Henri IV. la fortifia de murailles & de deux Moles pour la seureté de son Port & de son Arsenal, qui est le principal que les François aient sur cette Mer.

Marseille est un autre Port de mer qui passe pour un des plus seurs de l'Europe. La Ville est fort ancienne, aiant été bâtie six cents trente-trois ans avant la Naissance de Nôtre Seigneur : c'est le séjour ordinaire des Galeres du Roi qui y sont en quantité. Ce Port est défendu par la forteresse de Nôtre-Dame de la Garde, par deux citadelles à l'entrée du Port qui est fermé d'une grosse chaine ; & il y a

Marseille.

trois forts dans de petites Isles à une lieuë de la Ville qui asseurent la rade ; on les appelle le Fort de Saint Jean, le Rattonneau & le Château Dif, munis de bonnes garnisons, & de tout ce qui est necessaire à leur défense. Cette derniere Fortresse est recommandable en ce qu'elle a servi & sert encore à mettre les fils de famille qui donnent du chagrin à leurs superieurs, par leurs débauches dépravées & par leur mauvaise conduite : on les y tient le tems qu'on veut, moiennant une mediocre pension.

La Ville est tres-belle, & sans contredit la plus riche de la Province à cause de son port, aussi fait-elle presque seule tout le Commerce du Levant, d'Italie, d'Espagne & d'Afrique ; son Eglise Catedrale est dediée à Saint Lazare, en memoire de ce que les persecuteurs de la primitive Eglise aiant mis Lazare avec Marie Magdelaine & Marthe ses sœurs, dans un vaisseau sans voiles & sans mariniers, & l'aiant ensuite exposé aux flots de la mer ; ce bâtiment aprés avoir été agité pendant quelque tems, fut conduit à Marseille par la Providence, où Lazare aiant prêché l'Evangile, il en fut fait Evêque & y mourut.

Les Esclaves ont à Marseille le long du Port, de petites boutiques de Barbiers & de Fripiers, semblables à celles du Pont Neuf de Paris, où ils vendent toute sorte de linge, bas & autres hardes. Ceux qui ont cette permiſſion y ſont enchaînez dés le matin, & ſçavent ce qu'ils doivent donner par jour à leurs Officiers : il y en a d'autres qui forment des bandes de violons, de trompettes, hautbois & autres inſtrumens, qui tous enchaînez enſemble & ſuivis d'un ſoldat, vont dans les cabarets & autres maiſons, divertir ceux qui veulent leur donner quelque choſe.

On voit dans le Convent de l'Obſervance la tête d'un nommé *Borduni* fils d'un Notaire de Marſeille, qui eſt d'une groſſeur prodigieuſe ; car quoi que cet homme, qui vivoit au commencement de ce ſiecle, n'eut que quatre pieds de haut, ſa tête a le quart de cette hauteur, & trois pieds de tour par le côté. Il avoit si peu d'esprit, quoique sa tête fût pleine de cervelle, qu'il donna lieu à ce proverbe, lorsqu'on vouloit parler d'un homme qui n'avoit pas le bon sens ; *il a l'esprit de Borduni.*

Quand on sort de la Ville, il semble que l'on entre dans des fauxbourgs qui ont prés de deux lieuës d'étenduë ; car il y a aux environs de Marseille plus de six mille maisons de campagne, que les Provençaux appellent *Bastides* : elles sont si proches les unes des autres, qu'à peine bien souvent y a-t-il un jardin entre deux, C'est un fort bel ornement pour les dehors de la Ville, & d'une grande utilité, lorſqu'elle eſt affligée de la peſte, y aiant peu de bourgeois qui n'aient une baſtide. Car on y eſt toûjours dans la crainte que quelque vaiſſeau n'y apporte cette maudite maladie; & c'eſt auſſi pour cela qu'on y fait faire une exacte quarantaine ſous le canon du Chaſteau Dif & des autres forteresſes dont je viens de parler.

On travaille à Marſeille parfaitement bien en Corail, & on y en trouve de fort extraordinaire par ſa blancheur.

CHAPITRE IV.

Du Comté Venaissin, & de la Principauté d'Orange.

LE Comté Venaissin est une petite Province enclavée entre la Provence & le Dauphiné ; sa Ville capitale est Avignon qui se trouve située au bord du Rhosne, enceinte des plus belles murailles de l'Europe. Elle a souvent été le séjour des Pontifes Romains, & cela suffit pour persuader qu'il y doit avoir de beaux Edifices tant saints que profanes. Les Papes en sont encore en possession aujourd'hui & y tiennent un Legat : voici à quel titre le Venaissin ap- Avignon.

partient au Saint Siege.

Le Pape Clement VI. profitant de la necessité où se trouvoit la Princesse Jeanne fille de Charles II. Comte de Provence, à qui Avignon appartenoit avec ses dépendances, acheta cette Ville pour quarante-huit mille livres monnoye de France. Le contract de vente en fut passé le 19. du mois de Juin 1348. & l'histoire rapporte que cette somme n'a même jamais été paiée. Quoi qu'il en soit, cette Princesse étoit mineure lors de la vente, & d'ailleurs elle ne pouvoit pas aliener son domaine, y aiant des loix expresses pour cela : de sorte que cette vente n'étoit proprement qu'un engagement ; aussi le Parlement de Provence, par Arrest du 26. Juillet 1663. réünit à la Couronne la Ville d'Avignon & toute la Comté Venaissin ; ce qui suffit pour faire voir que le Saint Siege n'en joüit que par un effet de la liberalité de nos Rois, & ce n'est pas là le seul ni le plus considerable bienfait que Rome ait receu de la Couronne de France.

Il y a une Sinagogue de Juifs à Avignon assez sale & assez mal en ordre ; & quoiqu'ils soient obligez d'entendre toutes les semaines la predication d'un Religieux, ils sont si opiniâtres à judaïser, qu'on y en voit peu embrasser le Christianisme : ils portent tous des chapeaux jaunes pour les distinguer des Chrétiens.

Avignon avoit autrefois un

tres-beau pont sur le Rhone, mais la rapidité de ce fleuve en a emporté une partie. Le Pape y entretient une garnison Italienne, & on y fait une garde aussi exacte que dans les places de guerre les plus exposées. On ne se contente pas de sçavoir des Etrangers lors qu'ils entrent dans la Ville, l'endroit où ils vont loger, & d'indiquer des hôtelleries à ceux qui n'y ont point d'habitude. La nuit ils vont encore visiter tous les endroits où sont logez les nouveaux venus, & compter combien de personnes il y a dans chaque lit; ce qui surprend quelquefois ceux qui ignorent cette coûtume.

L'Université d'Avignon, fondée en 1391. a été autrefois

plus celebre qu'elle ne l'est aujourd'hui. Je ne m'engage pas à décrire tous les Tombeaux & Reliques qu'on voit dans la plûpart des Eglises, cela me meneroit trop loin; aussi n'y ai je rien vû de plus remarquable que la fontaine de Daucluse, qui se divisant à dix ou douze pas de sa source, forme une Isle tres-agréable & une riviere navigable; on y voit les maisons de Petrarque & d'Aura son amante.

Orange est la capitale d'une petite Province de même nom, qui n'a que trois lieuës de large & quatre de long. Cette Principauté, mouvante de la Comté de Provence, a appartenu autrefois aux Comtes de Nassau, à cause du mariage de Claude de Châ-

Orange.

lons avec Henry de Nassau. Peut-être que le lecteur ne sera pas fâché d'apprendre ici par quelles raisons, la maison de Nassau se trouve frustrée de cette Principauté.

Premierement René de Nassau fils d'Henri, s'étant engagé dans le service de l'Empereur Charles-Quint contre la France, & ne s'étant pas trouvé à l'arriere-ban de la Noblesse de Provence, comme il y étoit obligé; le Parlement d'Aix reünit au Domaine de la Provence la Principauté d'Orange par Arrest du 15. Juin 1543. En second lieu Claude de Châlons, n'avoit porté cette Principauté dans la famille de Nassau, qu'avec la clause de substitution, si elle mouroit sans enfans, ou ses enfans sans descendans, aux plus proches parens de la maison de Châlons. Or René fils de cette Claude & d'Henri de Nassau mourut sans enfans : & quoique par son testament du mois de Juin 1544. il instituât Guillaume de Nassau son heritier, il ne pouvoit pas comprendre dans son heritage, la Principauté d'Orange, parce qu'outre que son testament avoit été fait aprés la réunion dont je viens de parler, il n'avoit pas droit de disposer de cette Principauté, puis que se trouvant sans enfans, elle étoit substituée à la maison de Châlons: & la possession qu'en ont eu les Nassaux du depuis, ne leur a acquis nul droit au préjudice des legitimes heritiers de la maiſon de Châlons, à qui Orange a été reſtituée, par un effet de la juſtice du Roi.

Cette Ville avoit, il n'y a pas long-temps, un Château qu'on conſideroit pour le plus fort qu'il y eût en France: il avoit un puits pratiqué dans le roc, de plus de trente toiſes de profondeur, & un chemin ſoûterrain qui conduiſoit du château dans une maiſon de plaiſance qui en étoit à plus de demi-lieuë. Mais cette fortereſſe fut raſée il y a environ vingt ans, & du depuis on a demantelé la Ville, parce qu'elle ſervoit de refuge à ceux dont les crimes & la mauvaiſe conduite les rendoient dignes de quelque châtiment: car par exemple, lors que la forterеſſe d'Orange étoit en état, la garnison n'étoit presque composée que de deserteurs François.

On y voit de tres-belles antiquitez, entr'autres le Cirque qui est fort grand, avec un pavé à la Mosaïque dans une chambre basse : un arc de triomphe érigé à l'honneur de *Marius & Catulus LaEtutius*, Consuls Romains, aprés la victoire qu'ils remporterent sur les Cimbres & les Teutons. Cet édifice, qu'on appelle communément la Tour de l'Arc, étoit autrefois au milieu de la Ville; c'en fut ensuite une des portes, & en est à present à un bon quart de lieuë, ce qui fait assez connoistre qu'Orange étoit autrefois une fort grande Ville. Lors qu'on est au haut de cette Tour, on decouvre cinq Provinces de France, la Provence, le Dauphiné, le Languedoc, l'Auvergne & le Forest.

Quoique cette Ville joüisse encore d'un Parlement & d'une Université pour le Droit, la Medecine & les Arts, fondée par Remond V. Prince d'Orange en 1365. on peut dire qu'elle n'a plus que de tristes restes de la grandeur & de la magnificence, qui l'ont renduë autrefois recommandable. Il n'y a que la bonté de son terroir qui ne change pas: il produit generalement tout ce qui est necessaire à la vie, & tous les chemins sont bordez de meuriers blancs, dont les feuilles servent à nourrir quantité de vers à soie, qui font en partie la richesse des habitans.

CHAPITRE V.

Du Dauphiné & du Vivarez.

LE Dauphiné est une des belles Provinces de France; les historiens en disent des merveilles, & mettent en ce rang sept choses extrémement remarquables, qu'ils nomment *les sept Merveilles du Dauphiné*; sçavoir, la Tour sans venin, la Montagne inaccessible, la Fontaine ardente, les Caves de Sassenage, les Pierres precieuses de la montagne de Sassenage, la Manne de Briançon & la Grote de Nôtre-Dame de la Balme. Dauphiné.

On divise ordinairement Ses bornes.

cette Province en haute & basse : elle a au Levant le Piémont & la Savoye, la Provence au Midi, la Bresse au Nort, & le Comté Venaissin au Couchant. La sterilité des montagnes du haut Dauphiné, ne laissent pas de fournir beaucoup de Casse, de la Manne, de la Terebentine, de l'Agaric, &c. mais le bas Dauphiné donne abondamment à ses Habitans du vin, du bled, de la soie & toute sorte de fruits. Le peuple en general est fort civil & affable aux étrangers : cette civilité s'étend même jusques aux plus rustiques ; car il est assez commun de voir un laboureur quitter sa charuë pour remettre un étranger dans son chemin, s'il s'en est égaré.

Son terroir.

Mœurs

Les Historiens ont toûjours taxé les Dauphinois d'étre fideles au Roi; jaloux de leur liberté, l'esprit un peu porté à la chicane, & enclins à se loüer eux-mêmes; cependant le savant Monsieur Richelet ne leur a pas rendu toute cette justice dans son Dictionnaire; peut-être qu'il a voulu faire porter à la Province la peine du chagrin que quelque Dauphinois lui a donné.

Cette Province est moins illustre par tous les avantages que j'ai remarquez, que parce qu'elle a l'honneur de voir porter son nom au fils aîné de France & presomptif heritier de la Couronne: ceux qui ne sçavent pas pourquoi le Dauphiné a cet avantage preferablement aux autres

Provinces du Roiaume, l'apprendront ici en peu de mots.

Du nom de Dauphin.

Hubert II. Prince ſouverain du Dauphiné, n'ayant qu'un fils unique encore aſſés jeune & étant dans ſon Château à Vienne, le prit entre ſes bras pour le joüer, & faiſant ſemblant de le jetter par la feneſtre, l'enfant qui étoit fort vif, gliſſa de ſes mains & tomba dans le Rône, dont ce malheureux pere n'eût jamais aucune nouvelle. La douleur qu'il en conceut fut telle qu'on peut ſe l'imaginer; elle le porta à faire une donnation du Dauphiné à Philippe de Valois Roi de France en 1349. à condition entre autres choſes, que le premier né des Rois de France, dans tous les

les tems à venir, ſeroient appelez Dauphins.

Grenoble eſt la capitale de cette Province, ſa ſituation eſt dans les montagnes ſur les bords de la riviere d'Iſere, qui ſepare la Ville en deux: c'eſt le ſejour d'un Parlement & d'un Evêché. Elle a de ſuperbes bâtimens dont les plus conſiderables ſont le Palais du Duc de l'Ediguieres, celui de l'Evêque, & celui où le Parlement s'aſſemble. Grenoble.

Il y a des choſes aux environs de Grenoble dignes de la curioſité des Voiageurs, principalement la grande Chartreuſe, qui eſt le ſejour du General de cet Ordre. Jamais deſert ne fut mieux baptiſé que l'endroit que ces Religieux ont choiſi pour leur La Chartreuſe.

Provinces du Roiaume, l'apprendront ici en peu de mots.

Du nom de Dauphin.

Hubert II. Prince ſouverain du Dauphiné, n'ayant qu'un fils unique encore aſſés jeune & étant dans ſon Château à Vienne, le prit entre ſes bras pour le joüer, & faiſant ſemblant de le jetter par la feneſtre, l'enfant qui étoit fort vif, gliſſa de ſes mains & tomba dans le Rône, dont ce malheureux pere n'eût jamais aucune nouvelle. La douleur qu'il en conceut fut telle qu'on peut ſe l'imaginer; elle le porta à faire une donnation du Dauphiné à Philippe de Valois Roi de France en 1349. à condition entre autres choſes, que le premier né des Rois de France, dans tous les

les tems à venir, seroient appelez Dauphins.

Grenoble est la capitale de cette Province, sa situation est dans les montagnes sur les bords de la riviere d'Isere, qui separe la Ville en deux: c'est le sejour d'un Parlement & d'un Evêché. Elle a de superbes bâtimens dont les plus considerables sont le Palais du Duc de l'Ediguieres, celui de l'Evêque, & celui où le Parlement s'assemble. Grenoble.

Il y a des choses aux environs de Grenoble dignes de la curiosité des Voiageurs, principalement la grande Chartreuse, qui est le sejour du General de cet Ordre. Jamais desert ne fut mieux baptisé que l'endroit que ces Religieux ont choisi pour leur La Chartreuse.

retraite, & effectivement cette montagne a quelque chose d'affreux : mais lors qu'on est arrivé au Convent, on est surpris de trouver une si belle maison, une Eglise si superbe, & des Religieux si courtois, dans un endroit qui ne promettoit que des abîmes & des bêtes sauvages.

L'Ordre des Chartreux fut fondé en 1084. par Saint Bruno, qui en fut le premier General ; l'air y est fort sain, le haut de la montagne fertile, & en un mot on peut dire qu'on y est amplement recompensé de la peine & de la frayeur qu'on a euë en y allant, qui redouble lors qu'on est prêt de quitter cette agréable solitude.

Parmi les merveilles dont

Grenoble est environné, on doit mettre la Fontaine brûlante, qui, à travers des eaux, lance des flames de la hauteur d'un pied, où la jeunesse par curiosité & par divertissement, va souvent faire des fricassées & des aumelettes. On voit pas loin delà une Tour dans laquelle les animaux venimeux ne sçauroient vivre, & ceux qu'on y a apportez quelquefois n'y ont pas vécu long-tems.

Fontaine de feu.

Tour sans venin.

Valence est la seconde Ville de la Province, & beaucoup mieux située que Grenoble, étant sur les bords du Rhône, & sur la grande route de Paris à Marseille. Il y a un Evêché, dont Monf. l'Abbé de Champigni, de l'Illustre Maison de Bo-

Valence.

chart Champigni est presentement Evêque. Ce Prelat n'est pas moins recommandable par son merite particulier, par son sçavoir, par sa vertu, & par mille autres qualitez, que par sa naissance; aussi fait-il les delices de tous les honnêtes gens de son Diocese.

Cette Ville a une Université pour le Droit & la Medecine, de la fondation de Loüis Dauphin fils de Charles VII. en 1452. qui la confirma dans ses privileges en en 1475. lorsqu'il fut parvenu à la Couronne. C'est aussi le Siege d'un Présidial & Sénéchaussée.

On y voit dans l'Eglise des Jacobins, le corps d'un Geant de quinze pieds de haut &

de ſept de large, dont on a porté quelques os dans le Cabinet du Roi. Il y a une Fontaine hors la Ville extrémement chaude en Hiver, & fort froide en Eté. Ses principales Egliſes ſont celles de Saint Appollinaire qui en eſt la Cathedrale, celle de Saint Jean qu'on dit avoir été le Panteon des anciens : l'Abbaïe de Saint Ruf & l'Egliſe de Saint Pierre, au bourg-les-Valence, où l'on voit une caverne qu'on dit traverſer le Rhône, auprés de laquelle il y a un ſepulcre, où l'on trouva autrefois le corps d'une femme, couvert d'or & de pierreries, qui paroiſſoit tout frais : mais dés qu'il ſentit l'air, il ſe reduiſit en poudre. On trouva une inſcription latine dans ce tombeau, qui en françois ſignifioit ces mots, *l'heureuſe Juſtine mere* : & ſur cela on veut que ce fût le tombeau de l'Imperatrice Juſtine. Proche la porte Saint Felix, il y a une Tour ronde qui avance beaucoup plus en haut qu'en bas, & le peuple croit que cette Tour ſe baiſſa par reſpect, lorſque Saint Felix entra dans ſa Ville.

S. Eſprit. Le Pont Saint Eſprit eſt une Ville fort agreable, qui tire ſon nom du Pont qu'on y a bâti ſur le Rhône avec beaucoup de peine & de dépenſe : il a vingt-deux arcades, douze cents ſix toiſes de long & quinze de large : ainſi ce n'eſt pas en vain qu'il passe pour le plus grand & pour le plus beau qu'il y ait en France.

Le Dauphiné renferme encore plusieurs autres Villes qui ont leurs agrémens & leurs beautez particulieres, comme Romans, Montelimar, Cret, Die, Gap, Ambrun & Vienne, qui est la premiere qu'on rencontre sur les bords du Rhône, lorsqu'on entre dans le Dauphiné par le Lionnois : elle étoit habitée autrefois par les Allobroges, & on appelloit le Viennois l'Isle des Allobroges, à cause de sa situation entre le Rhône & l'Isere.

On fait à Vienne des lames d'épée en si grande quantité, que tout le monde est surpris comment les ouvriers peuvent Viene.

les donner à si grand marché: mais ce qui contribuë à cela, c'est que par leur industrie ils ont disposé l'eau qui fait agir leurs machines, de telle maniere qu'un ouvrier peut travailler à plusieurs ouvrages à la fois. Pilate fut relegué à Vienne par l'Empereur Tibere : on y voit encore la Tour où il fut prisonnier & l'abîme où il se precipita, qui est presque toûjours couvert de nuages & de broüillards. Vienne avoit autrefois deux Châteaux qu'on estimoit imprenables, mais on les a démolis crainte qu'ils ne servissent d'azile à ceux qui auroient quelque envie de troubler l'Etat.

De Pilate.

Nyons.

Avant de sortir du Dauphiné, je dois encore faire une remarque assez curieuse, d'un vent particulier qui ſouffle à Nyons dans le bas Dauphiné à ſix lieuës d'Orange ; on appelle ce vent *Pontias*, ,du nom de la montagne d'où il ſort. Nyons eſt ſituée dans un fonds ſur le bord d'une riviere nommée Egue, où il y a un pont d'une ſeule arcade, qui paſſe pour le plus beau du monde. On pretend que c'eſt un ouvrage des Romains rond comme un O. & que par ainſi il eſt autant dans la terre que dehors ; & en effet, quoi-qu'il ſoit d'une prodigieuſe hauteur, il ne paroît que la moitié du croiſſant hors de terre, & j'ai oüi dire à des gens ſur les lieux, que lorſqu'on a voulu en chercher les fondemens, on n'en a jamais pû trouver aucun : mais on s'appercevoit qu'à mesure qu'on creusoit la terre, le cercle s'étressissoit.

Vent extraordinaire.

A l'égard du vent de Pontias, il souffle ordinairement depuis minuit jusqu'à dix ou onze heures du matin, & il est presque aussi froid que le vent du Nord. Il sort par la fente d'un rocher à une petite lieuë de Nyons prés d'un hermitage, dans laquelle on a souvent jetté des pierres, descendu un plomb avec des cordes, sans pouvoir trouver le fons. Le vend est moins violent dans cet endroit qu'à un quart de lieuë delà. Comme l'ouverture n'est pas bien grande, on la boucha vers la fin du dernier siecle, & elle resta ainsi pendant sept à huit mois: mais on se vit bientôt obligé de la rouvrir, parce que la terre ne produisoit rien, les Oliviers, les Vignes & les autres Arbres se secherent tellement, que la recolte fut fort sterile, & même les habitans furent frapez de maladies contagieuses qui en firent mourir beaucoup.

Pour le Vivarez, comme c'est une Province fort montagneuse & sterile, les voiageurs n'y trouvent gueres de plaisir, à moins que ce ne soit à Viviers qui en est la Capitale, & où il y a un Evêché. On peut encore voir Annonay, où la Noblesse est fort affable : mais le commun peuple ne se fait pas un cas de conscience, de tirer un coup de fusil de derriere un buisson pour un tres-petit sujet. Vivarez.

CHAPITRE VI.

De la Savoie & partie du Piémont.

Savoie, &c.

PUisque le Roi vient de soumettre à sa domination la Savoie, la Comté de Nice & une partie du Piémont ; il semble que j'en dois dire quelque chose avant de m'engager plus avant dans le Roiaume. Chamberi est la capitale de la Savoie, & le Siege d'un Parlement. Le Duc de Savoie s'étant malheureusement pour lui & pour ses sujets, uni d'interêts avec les ennemis du Roi dans la guerre d'aujourd'hui, oubliant toutes les obliga-

Chamberi.

tions que ses ancêtres avoient à la Couronne de France, & ce qu'il devoit en son particulier aux bontez que Loüis le Grand avoit euës pour lui; a attiré dans le cœur de ses Etats les armes victorieuses de France, qui commencerent par lui enlever Chamberi & toutes les autres places de moindre consequence de la Savoie dans la premiere Campagne: dans la seconde, la Comté de Nice, la Ville de ce nom, celle de Ville-franche qu'on appelloit les boulevars de la Mediterrannée, se virent obligées avec les Forteresses qui les défendoient, de revenir à leur ancien Maître: car cette Comté faisoit autrefois partie de la Provence. Enfin

Nice.

Ville-franche

la formidable Forteresse de Montmelian que les Savoiars taxoient d'imprenable, vient d'être emportée de vive force par nos François, qui du depuis ont pris & brûlé Oneille, la seule place maritime qui restât au Duc de Savoie. Les fortifications de toutes ces places sont fort regulieres, & les Eglises tres-belles.

Mont-melian.

Outre ces Conquêtes que le Roi vient de faire sur les frontieres d'Italie, Sa Majesté y a encore deux places fort considerables ; la premiere est Pignerol située sur une des Montagnes de la Valée de Perouse, à cinq lieuës de Turin que Sa Majesté possede depuis 1630. L'autre est Casal capitale du Montferrat,

Pigne-rol.

Casal.

ſur la Riviere du Pô, que le Duc de Mantouë ceda au Roi en 1681. Ces deux Villes ſont tres-conſiderables par rapport à leur force & à leur ſituation, qui mettent la France à couvert des inſultes des Princes d'Italie, & lui ouvrent le chemin pour les aller châtier lorſqu'ils s'attireront la haine de cette Couronne. Comme je me propoſe (avec l'aide de Dieu) de faire un Volume particulier de l'Italie, je me reſerve d'y mettre pluſieurs remarques qui y ont plus de rapport qu'à la France.

CHAPITRE VII.

Du Languedoc.

Languedoc. IL n'y a point de Province en France dont l'étenduë ſoit plus vaſte que le Languedoc : elle eſt bornée du côté du Levant par le Rhône qui la ſepare du Dauphiné & de la Provence ; elle a au Midi la Mediterranée & les Pirenées : la Garonne au Couchant & au Septentrion le Roüergue & le Querci. Son terroir. Son climat paſſe pour le meilleur du Roiaume, & ſon terroir pour le plus fertile : auſſi produit-il tout ce qu'on peut trouver dans le reſte du monde, à l'exception des épiceries &

du ſucre ,dont peut-être il produiroit auſſi, ſi l'on prenoit le ſoin d'y en cultiver. On y fait bonne chere & à grand marché.

Mœurs des Languedociens.

On attribuë aux Languedociens d'être fort ſpirituels, aimant l'étude & à paroître ſouvent dans leurs accoutremans ce qu'ils ne ſont pas. On les accuſe d'être grands parleurs, fort inconſtans & peu capables de garder un ſecret. Les femmes y ſont fort enjouées, uſent beaucoup de fard, & aiment plus la liberté qu'il n'eſt ſeant à leur ſexe. Ces regles ne ſont pas ſi generales qu'il n'y ait beaucoup d'exception, & ceux qui ne ſe ſentent pas tachez de ces défauts n'y doivent prendre nulle part ; à l'égard des autres, s'ils sont assez heureux pour s'en corriger, les honnêtes gens leur rendront toûjours justice.

Toulouse. Toulouse est la Ville capitale de cette grande & belle Province, située sur la Garonne ; elle est si ancienne qu'on pretend que Tholo un des enfans de Japhet en est le fondateur : il est au moins certain que lorsque les Romains envahirent les Gaules, ils trouverent que Toulouse étoit une Ville tres-considerable ; ses Amphitheatres, ses Acqueducs, ses Eglises & les autres Edifices sont des preuves de son antiquité.

Elle a un fameux Parlement & un Archevêché ; l'Eglise Cathedrale est dediée à Saint Estienne : celle de Saint Saturnin eſt tres-belle ; on pretend qu'il y a ſept corps d'Apôtres, & une des Epines de Nôtre Seigneur. On dit qu'au deſſous de la cave où ſont les Corps ſaints, il y a un treſor qu'on n'a jamais pû tirer, ſoit à cauſe de la puanteur du lieu, ſoit parce qu'on y a trouvé des ſerpens d'une groſſeur prodigieuſe, qui menaçoient d'engloutir ceux qui troubloient leur repos. Quoi qu'il en ſoit, l'hiſtoire nous apprend que les Gaulois aiant fait la guerre à ceux de Delphes, ils en rapporterent de grandes richeſſes, & que la portion des Tectoſages qui habitoient le Languedoc, fut de cent dix mille livres peſant d'or, & cinq millions de livres pe-

Or de Toulouſe.

ſant d'argent : que leurs Prê-tres les obligerent de jetter ces richeſſes dans le Lac de Toulouſe, d'où Cepion Con-ſul Romain, les fit enlever quelque tems aprés, aiant mis ce Lac à l'ancan ; & il y a lieu de croire qu'il y en eſt reſté beaucoup : mais je ne ſuis pas certain ſi c'eſt l'endroit où l'Egliſe de Saint Saturnin eſt bâtie.

Dans l'Egliſe des Peres Ob-ſervantins il y a une cave qui conſume la chair des corps morts, ſans gâter leur peau ni diſloquer leurs mem-bres. On voit dans celle des Jacobins un pillier qui ſoû-tient d'une maniere ſurpre-nante cinq à ſix voutes l'une ſur l'autre. Je ne fais point de mention des autres Monasteres, quoi-que plusieurs renferment beaucoup de Reliques & de curiositez.

L'Université de Toulouse passe pour une des plus celebres de l'Europe & pour la seconde de France. Le Pape Gregoire IX. la fonda en 1228.

Castres est une autre Ville de Languedoc, fort ancienne avec Evêché: Lavaur, Pamiers, Mirepoix, & quelques autres Villes des environs sont aussi fort agreables, on y fait bonne chere & à bon marché; aussi dit-on communément qu'on y trouve plus de vivres que d'argent. Castres.

Carcassonne a une citadelle extrémement forte par sa situation & par ses ouvrages; avant d'y entrer il faut quit- Carcassonne.

ter l'épée. La Ville eſt conſiderable par ſes Manufactures de Draps, par la propreté & la regularité de ſes ruës, & enfin par la douceur & la civilité de ſes habitans.

Perpignan. On ne doit pas s'éloigner du Languedoc ſans voir Perpignan en Rouſſillon où les hommes ſont vêtus à la Françoiſe & les femmes à l'Eſpagnole. La Citadelle eſt composée de cinq baſtions commandez par un Fort qu'on appelle le Donjon. A quelques lieuës delà on trouve une fontaine d'eau ſalée, qui ſort d'un rocher avec ſi grande abondance, qu'à ſix ou ſept pas de ſa ſource, elle forme une riviere où l'on a bâti un pont de pluſieurs arcades,

Narbonne le dispute en antiquité avec toutes les autres Ville de France ; on pretend que *Narbo* Roi du païs en fut le fondateur long-tems avant la Naissance de Nôtre Seigneur. Ce qu'il y a de certain, c'est que l'histoire nous apprend que les Romains en faisoient beaucoup d'état : que ç'a été leur premiere Colonie en Europe ; que Rome & Narbonne se qualifioient de sœurs, & on pretend que leur simpathie a été si grande, que l'an 145. de Jesus CHRIST, Rome & Narbonne furent affligées en même-tems d'un funeste incendie causé par le hazard. Comme c'est une Ville frontiere, elle est regulierement fortifiée : le Canal de la jonc-

Narbonne.

tion des deux Mers, qui eſt un ouvrage digne de Loüis le Grand, prend ſon commencement à Narbonne. Il y a un Siege Archiepiſcopal: l'Archevêque eſt Primat de la Province; Preſident né aux Etats de Languedoc, & ſe qualifie Seigneur de la Mer. On y voit les reſtes du Capitole, d'un Amphiteatre & de pluſieurs autres Edifices dont les Romains l'avoient ornée: mais la plûpart furent ruïnez du tems des guerres des Gots & des Vandales.

Beſiers. Beziers eſt une Ville peu éloignée de Narbonne; c'eſt un des agreables ſéjours de France, ſa beauté & ſa fertilité ont mis en uſage un proverbe dans leur païs qui porte, *que ſi Dieu habitoit ſur la terre, il choisiroit Besiers pour son séjour.*

Celui de Pesenas n'est pas moins agreable, & les habitans y sont même plus courtisans : il ne faut pas douter que le séjour qu'y ont fait plusieurs Princes de tems en tems, entre autres feu Monsieur le Prince de Conti & Monsieur de Montmoranci, n'aient beaucoup contribué à leur donner cet air de Cour. Pesenas.

Quoique je mette à la fin de ce Chapitre les Villes de Montpellier & de Nîmes, ce n'est pas à dire qu'elles en soient moins considerables ; on peut dire au contraire, que les voiageurs s'arrêtent plus long-tems à Montpellier que dans les autres Villes de Languedoc, par les Montpellier.

agrémens qu'ils y trouvent, ſoit à l'égard de la bonne chere, des belles compagnies, de la familiarité, de la galanterie & de la ſcience; on y trouve tous ces avantages dans un éminent degré.

L'Univerſité paſſe pour la plus celebre en Medecine que nous aions en France; & il eſt à remarquer qu'on n'y reçoit point de Docteur de cette faculté, que premierement il n'ait receu ſept fois la Robe & le Bonnet de Rabelais, dans le Château de Morac, tant ce Docteur eſt en veneration parmi ceux qui ont la conduite de cette Academie; en voici la raiſon.

Des Ecoliers aiant fait quelques deſordres dans la Ville

qui attirerent des plaintes à la Cour contre l'Université, on la priva de partie de ses libertez & privileges. Rabelais qui avoit été Moine, & étoit d'un esprit fort enjoué, étant pour lors à Montpellier, participa au chagrin que cette nouvelle donna aux Academiciens. Il alla à Paris se presenter en habit & bonnet de Docteur chez le Chancelier Duprat : le Suisse, qui le prit pour un fol, lui aiant demandé ce qu'il vouloit, Rabelais répondit en Latin ; & comme il n'y entendoit rien, on fit venir un des Officiers du Chancelier, qui sçavoit cette langue : lorsque Rabelais l'entendit, il lui parla Grec ; on lui presenta un homme qui entendoit parfaitement le Grec, à qui le Docteur parla Hebreu, & si on lui parloit Hebreu, il répondoit en Arabe, en Siriaque, &c. de maniere qu'aiant épuisé la science de l'Hôtel du Chancelier, ce Seigneur demanda à le voir, & Rabelais l'aiant harangué en faveur de tous ceux qui faisoient leurs études à Montpellier, il en obtint le rétablissement de tous les privileges qu'on leur avoit ôtez. Ce Rabelais fut fait Curé de Meudon, & mourut à Paris en 1553. Son humeur étoit si enjouée, qu'on lui fit l'Epitaphe suivante.

Rabelais.

Pluton Prince du noir Empire,
Où les tiens ne rient jamais,
Reçois aujourd'hui Rabelais,

Et vous aurez tous dequoi rire.

On voit prés des Cordeliers de Montpellier, un Lac rempli de grenoüilles qui ne font aucun bruit depuis (à ce que disent les gens du païs) que Saint Antoine de Padoüe qui en étoit interrompu dans ses prieres & meditations, leur commanda de se taire ; & on remarque que si on y porte de celles qui font ailleurs le plus de bruit, elles deviennent muettes : & qu'au contraire, si l'on transporte de celles de ce Lac dans d'autres endroits, elles ne sont pas les dernieres à entonner la musique grenoüillere. Pline nous dit la même chose des grenoüilles de l'Isle de Serifos dans l'Archipel.

Nîmes Nîmes eſt une fort belle Ville, & où les habitans, s'il n'étoient pas ſi grands parleurs & moins preſomtueux, auſſi-bien que ceux de Montpellier, on auroit du plaiſir dans leur converſation; elle eſt tres-ancienne, & l'on pretend que Nemauſus fils d'Hercule fut ſon fondateur, & lui donna ſon nom. Elle étoit autrefois incomparablement plus grande qu'elle n'eſt aujourd'hui, puiſqu'elle renfermoit ſept montagnes comme l'ancienne Rome, & avoit mille tours autour de ſes murailles.

Parmi ſes antiquitez les plus remarquables, on doit mettre l'Amphiteatre ou les Arenes que l'Empereur Antonin y fit faire, qui eſt de quatre cents ſoixante dix pas de tour. On y voit deux gladiateurs taillez ſur la pierre; une Louve qui allaite Remus & Romulus, & les Vautours qui parurent à ces deux Fondateurs de Rome.

On voit à Nîmes une caverne qu'on dit aller juſqu'à Arles ſous terre : c'étoit la maniere des Romains d'avoir dans pluſieurs endroits des communications ſoûterraines d'une Ville à l'autre; on y voit dans ſon voiſinage un ouvrage des Romains tres-curieux, ce ſont trois ponts l'un ſur l'autre; le plus bas a ſix arcades; le ſecond en a deux, & le troiſiéme en a trente, & tout l'ouvrage peut avoir quatre-vingt-deux pieds de hauteur : on le nomme le

Pont du Gard. Je ne dis rien de ses grotes du Jardin de Saint Privat, ni de quantité de Statuës fort curieuses; je me contenterai de dire en un mot, que ce n'est pas sans raison que quelques-uns appellent cette Ville, l'Abregé des Antiquitez Romaines: mais avant de finir cet article, je dois observer qu'il y a encore quelques restes d'un bâtiment hors la Ville, qu'on dit avoir été un Temple de Diane, & que la Fontaine de Vesta qui en est proche, étoit fameuse autrefois, parce que l'eau servoit à purifier les Vestales. La Ville est fort marchande: on y fabrique beaucoup d'Etofes de laine.

CHAPITRE VIII.

De la Guienne & de la Gascogne.

Bien des gens comprennent sous le nom de Gascogne, toutes les Provinvinces qui sont au-dessous de Lion ; comme le Dauphiné, la Provence & le Languedoc, quoi-que cependant la Gascogne ne soit qu'une petite Province enclavée dans la Guienne. Guyenne & Gascogne.

La Garonne ne contribuë pas peu à enrichir cette Province ; elle reçoit les marchandises que les vaisseaux étrangers y apportent, en venant enlever ses vins & ses autres danrées. Le peuple passe pour être un peu insolent, fanfaron à l'excés & mediocrement larron : mais la regle n'est pas sans exception, & l'on y trouve d'aussi honnêtes gens qu'ailleurs, & d'une franchise sans pareille. Ce sont les meilleurs soldats de France ; principalement lorsqu'ils ont une campagne ou deux dans le ventre ; & ceux des Provinces voisines ne le sont pas moins qu'eux ; leurs milices l'ont assez fait connoître en Piémont & en Catalogne ces dernieres années.

Bourdeaux. Bourdeaux est la plus considerable Ville de cette Province : elle a un auguste Parlement, un Archevêché & une celebre Université pour le Droit civil & canon, fondée par Eugene IV. & Loüis XI. en 1473. On y voit de tres-belles Antiquitez, entre autres la Statuë de Jupiter & celle de l'Empereur Adrien qu'un Conseiller de la Ville a recueillies dans son cabinet. Les pierres creuses qui sont à Saint Severin sont tres-curieuses, en ce qu'elles sont vuides ou pleines d'eau à mesure que la Lune est dans son plein ou dans son declin. Le Roi Loüis le Grand n'a pas peu contribué à rendre cette Ville considerable, par le Château Trompette que Sa Majesté y a fait bâtir pour la défense de son Port, qui reçoit, par le moien de la Garonne, les plus gros vaisseaux marchands qui l'enrichissent extrémement. Il y a quelques années que le Parlement de Bourdeaux fut transferé à la Reaule ; ce qui a fait beaucoup de tort à la Ville, de chagrin aux membres de cet auguste Corps, du plaisir & un fort grand profit à ce petit Bourg.

On voit encore une infinité d'autres Villes en Guienne & aux environs, où l'on trouve mille agrémens ; comme à Cadillac, Basas, Baionne, Saint Jean de Luz, &c. Je laisse à ceux qui les ont vûës ou qui les verront, à juger de leurs beautez.

CHAPITRE IX.

De la Xaintonge & de l'Angoumois.

JE joins ces deux Provinces dans ce Volume par deux raiſons ; la premiere, parce que l'une & l'autre donnent leur nom à leur Ville Capitale, & ſont à peu prés d'un même climat ; & la ſeconde, parce que les remarques que j'ai faites de chacune en particulier, étant jointes enſemble, ne fourniront de matiere que pour un tres-petit Chapitre.

Xaintes ſituée ſur les bords de la Charante a beaucoup de marques d'ancienneté ; ſon Xaintes.

pont sur cette riviere quoiqu'à demi ruïné, laisse encore appercevoir par une inscription latine, qu'il a été bâti du tems de Cesar à qui il est dedié. L'Eglise de Saint Pierre qui étoit la vingt-uniéme que Charlemagne eut fait bâtir, fut ruïnée dans les dernieres guerres civiles. La Citadelle est tres-forte, on y fond continuellement des canons de fonte verte. Cette Ville est encore illustre par son Evêché & par son Siege Présidial. On a remarqué que l'eau de Charante se conserve plus long-tems en mer sans se corrompre, que celle des autres rivieres.

Il y a d'autres belles Villes en Xaintonge comme Coignac, Tonnay & Broüage, renommée par ſes Salines. A l'embouchure de la Mer qu'on appelle de Bordeaux, il y a une Tour bâtie ſur le roc, pour ſervir de phare aux vaiſſeaux qui navigent ſur cette côte, on la nomme Tour de Cordouan ; & on aſſure qu'elle eſt plus haute & plus belle que le Phare d'Alexandrie. Blaye bâtie ſur le bord de la riviere, eſt conſiderable par ſes fortifications qui défendent l'entrée aux vaiſſeaux ennemis : on y voit le ſepulchre de Charibert Roi de Paris, fils aîné de Clotaire premier du nom.

Tour de Cordoüan.

Blaye.

Quoique la Ville d'Angouleſme ſoit bâtie ſur un rocher au haut d'une montagne, on n'a pas laiſſé d'y conſtruire une Citadelle pour ſa défen-

Angouleſme.

ſe, qui ſerviroit auſſi à la tenir en bride s'il y arrivoit quelque ſedition. Elle fait un grand trafic de papier dans les païs étrangers. Elle eſt encore recommandable par ſon Préſidial, & ſa Senéchauſſée.

On voit à deux lieuës d'Angoulesme une fontaine qui ſort d'un abîme, qui n'augmente ni diminuë jamais. Une Reine de France étant en ce païs-là voulant penetrer d'où pouvoit venir cette ſource, elle y fit deſcendre un homme condamné à la mort, qui rapporta n'avoir vû que des rochers affreux & des poiſſons monſtrueux qui l'auroient englouti ſi on ne l'avoit retiré promptement. On a découvert à Montmeron une mine d'argent, à laquelle on ne fait point travailler, je crois que c'eſt parce que la nature l'en a ſi peu pourvûë, qu'à peine en pourroit-on trouver pour paier les ouvriers.

Les Xaintongeois paſſent pour être ſpirituels & courageux au poſſible. Les Angoumois ne le ſont guere moins, ils aiment tous à vivre en gentilhommes & le peuple y eſt aſſez groſſier & brutal.

CHAPITRE X.

Du Limoſin & du Perigort.

LA Ville de Limoges eſt la capitale du Limoſin, elle eſt illuſtre par ſes antiquitez & par trois Conciles qu'on y a tenus en 1029. 1031. Limoges,

& 1182. On y voit encore des Aqueducs du temps des Romains, & de tres-belles Eglises & des Monasteres en quantité. Elle est encore celebre par son Présidial & son Election. Les voiageurs ne doivent pas passer sans voir les ouvriers en émail ; car on en fait ici de plus beau qu'en nul endroit du monde ; & passant à Ussel on y doit voir aussi approprier les diamans faux. Les autres Villes considerables du Limosin sont Gueret, Tulle, Brive, Saint Jullien, Aines, Aimotier, &c.

Quoique le Perigort soit montagneux, ses habitans ne laissent pas d'être contens de leur condition ; les chataignes qu'il recueillent en quantité, ne leur servent pas seulement pour l'entretien de leurs familles, mais aussi pour engraisser leurs bestiaux.

Perigueux est la capitale de cette Province, elle est si ancienne que quelques-uns pretendent qu'elle a été bâtie par un des enfans de Noé; mais d'autres veulent que le nom de Vesuna que les anciens lui ont donné vient de la Deesse Venus qu'on y adoroit : on y voit encore les masures du Temple de cette Deesse, & beaucoup d'autres antiquitez. La Fontaine de Marsac, qui n'est pas éloignée de Perigueux, merite d'être vûë à cause de son flux & reflux. Elle ne contribuë pas peu l'opinion de ceux qui croient que Perigueux est bâtie sur une terre flotante : il y a quel-

Perigeux.

ques années qu'on boucha un puits dans la grande place qu'on a cru un abîme ; on y a fait descendre des gens qui n'en ont jamais pû trouver le fonds ; & qui ont rapporté qu'on voioit une grande campagne couverte d'eau. Peut-être qu'on me demandera d'où ces gens tiroient la clarté pour faire ce discernement, à quoi je répondrai que c'étoit (à ce que l'on m'a dit) par les autres puits de la Ville & des environs qui répondoient dans ce Lac soûterrain, & par des lanternes flottantes qu'ils poussoient bien avant de tous côtez avec des machines.

De plus il y a peu de maisons dans la Ville, qui pour peu qu'on creuse dans leurs caves ne trouvent de l'eau, qui au poids, au goût & à d'autres remarques, paroît être la même que celle du puits qu'on a bouché à cause que les femmes de mauvaise vie y jettoient leurs enfans.

A deux lieuës de la Ville il y a une fontaine dont l'eau se convertit en pierres de la figure qu'on veut; mais parmi les choses les plus remarquables, il y a une caverne prés de Miramont qu'on appelle Cluseau, qui s'étend cinq à six lieuës sous terre: on y trouve des appartemens pavez à la Mosaïque, des Autels ornez de belles peintures, des fontaines, un fleuve qui a six vingt pieds de large, au delà duquel, dit-on, il y a une vaste campagne, où perſonne n'a encore eu la hardieſſe d'aller planter des colonies.

Sarlat. On voit dans l'Abbaie de Cadoüain à Sarlat, un Saint Suaire qu'on dit être le même dont on envelopa le Corps de Nôtre Seigneur JESUS-CHRIST lors qu'on le mit dans le ſepulchre de Joſeph d'Arimathée.

Libourne. Libourne ſur les bords de la Dordogne, eſt tres-agréable: cette riviere qui reçoit le flux & reflux de la Mer, y amene des vaiſſeaux aſſez gros. On y remarque une choſe aſſez extraordinaire, & que je ne ſçache pas qu'on voie en autre endroit du monde : c'eſt que de temps à autre, il vient de la Mer un certain tourbillon d'eau, qui ſans être agité d'un grand vent, remonte la riviere de la grosseur d'environ un tonneau, avec tant d'impetuosité qu'il renverseroit les plus gros navires s'ils se trouvoient à son passage ; mais comme on entend le bruit effroiable qu'il fait de plus de trois lieuës, & qu'on sçait que ce tourbillon qu'on appelle *Macaret*, suit toûjours le rivage, les bâtimens se mettent au milieu de la riviere, & par un instinct digne d'admiration, les Canars & les Cignes n'entendent pas plûtôt ce bruit, qu'on les voit courir à terre, pour se garantir de ces ondes roulantes.

CHAPITRE XI.

Du Querci & du Rouërgue.

Querci LE Querci ne peut être qu'un païs tres-fertile, puis qu'il est arrosé de la Garonne, de la Dordogne & du Tar, qui sont trois rivieres navigables ; cette Province a des mines d'or & d'argent, qu'on ne se met guere en peine de chercher : le peuple y est un peu brutal ; mais la noblesse fort civile.

Cahors Cahors est la capitale du Querci ; son amphiteatre, ses ponts, & ses tours sont des preuves infaillibles de son ancienneté : le Pape Jean XII. étoit natif de Cahors, & y fonda

fonda une Université pour le Droit en 1332. Il y a un Evêché, qu'on estime des plus lucratifs du Royaume, & un Présidial, dont les Jugemens vont par appel au Parlement de Toulouse. Son Terroir est fertile en bons Vins, & en toute sorte de fruits.

Comme partie du Diocese de Montauban est situé dans le Languedoc; les Evêques ont séance aux Etats de cette Province-là, aussi-bien qu'en ceux de Quercy. Les Religionnaires s'en emparérent en 1562. & la fortifierent si bien qu'elle a soûtenu trois differens Siéges: mais enfin elle fut soûmise en 1629. & pour empêcher qu'elle ne fût plus le refuge de Seditieux, on fit raser toutes ses Fortifications.

Montauban.

Moissac. Moissac est une autre Ville située aussi-bien que Montauban, sur les bords de la riviere du Tar : elle n'a plus que de tristes restes de ce qu'elle a été autrefois ; elle aura de la peine à se relever du mauvais traitement qu'elle reçût dans les Guerres Civiles par les Religionnaires.

Rodez en Roüergue. Un Voiageur ne trouve rien de considerable dans le Roüergue, si l'on excepte le Clocher de la Cathedrale de Rodez qui passe pour le plus haut, & le mieux travaillé de France. Cette Ville a titre de Comté, que le Roi Henri IV. joignit à la Couronne de France.

Les Quercinois passent pour être fort dissimulez, & les Perigordins fort quereleux, principalement lors qu'ils ſont dans leur humeur bachique.

CHAPITRE XII.

De l'Auvergne.

L'Auvergne eſt une des principales Provinces de France ; elle a titre de Comté, & confine au Levant le Foreſts & le Lionnois ; le Roüergue & le Velai au Midi ; le Querci, Perigort, & le Limoſin au Couchant ; le Berri & le Bourbonnois au Nort. On la diviſe en haute & baſſe ; La plûpart des Auvergnâs ſont laborieux, ruſez, diſſimulez, quereleux, & fort opiniâtres, & ſi l'on n'a de la complaiſance pour eux, peu de cho- Auvergne.

ſe fera naître une querelle.

Auril-lac. Aurillac eſt la Capitale de la haute Auvergne : Il y avoit autrefois de tres-belles Egliſes que les Religionnaires ont ruïné pour la plûpart. Parmi les choſes remarquables que l'on y voit, on conte le Refectoire des Carmes, qui ſurpaſſe en propreté, en grandeur, & en Peinture leur Egliſe, & tout le Convent. Le Siége Preſidial d'Aurillac paſſe pour un des plus ſeveres Tribunaux du Roiaume. Cette Partie monteuſe de l'Auvergne ne laiſſe pas d'être riche par ſes dantelles, ſes tapiſſeries, & ſes autres fabriques, dont elle fait grand commerce.

La baſſe Auvergne, communément appellée la Limagne, a moins d'étenduë que la haute : mais ſon ſejour eſt bien plus agreable, ſon Terroir plus fertile, & ſes Habitans plus civils & plus ſociables : Clairmont en eſt la Capitale : Sa Cathedrale eſt couverte de plomb, que l'air a tellement purifié que des Gens ont offert une ſomme conſiderable pour cette couverture, & d'y en mettre une autre de plomb de même épaiſſeur, ſans qu'on le leur ait voulu permettre : On y voit une fontaine dont l'eau ſe change en pierre en tombant ; & on pretend que c'eſt par ce moien que le Pont qu'on y voit a été formé de lui-même : il a 8. braſſes de large, 6. d'épaiſſeur, & 36. en longueur, Charles IX. eut la curioſité de le voir. On a tenu pluſieurs Conciles à Clair- Clairmont.

mont, dont le plus renommé est celui de 1095. où Urbain II. fit resoudre la fameuse Croisade pour la conquête de la Terre-Sainte. Et Charles V. y tint les Etats du Roiaume en 1374. On croit que cette Ville a été bâtie sur les ruïnes de l'ancienne Gergovie, qui avoit autrefois une tour de bois qui ne pût être brûlée lors de l'embrasement de cette Ville, parce qu'elle étoit construite de bois de Larix, qui resiste au feu.

Mont-ferrant.

Montferrant est une autre Ville considerable à un petit quart de lieuë de Clairmont, ce qui fit naître l'envie au Marquis d'Efiat de les joindre ensemble sous le nom de Clermon-Ferrand; mais la jalousie de leurs Habitans suscita tant de difficultez, qu'il n'executa pas son dessein. On y voit de tres-beaux édifices, & des Eglises qui inspirent la devotion.

Rion est celebre par son antiquité, par la magnificence de ses Habitans, & encore plus par la Dent de S. Amable, qui, à ce qu'on dit, guerit immanquablement toute morsure de chien enragé, de serpent, ou d'autre bête venimeuse. La situation de la Ville & les environs en sont si agréables qu'on l'a surnommé le Jardin & le Parterre de l'Auvergne. Rion.

A quelques lieuës delà on voit la petite Ville de la Vieille-Brioudé, remarquable par son Pont d'une seule Arche, qui est appuié sur deux mon- Brioude.

tagnes d'une prodigieuse hauteur : Il fut bâti par ordre de Cesar ; & on remarque qu'une pierre s'en étant détachée il y a plusieurs siecles, on n'a jamais pû la remettre.

Le Puy.

Le Puy est une Ville fort considerable par sa grandeur, par sa richesse, par la fertilité de son Terroir, & par plusieurs autres avantages. La quantité de Reliques qu'on y conserve, y attire la devotion de plus de 7. à 8. lieuës à la ronde : mais comme le Peuple grossit toûjours les objets, & multiplie les miracles ; dont bien souvent les Depositaires des Reliques ne sont pas fâchez, il arrive quelquefois que la veritable devotion est mêlée de superstition. Parmi les precieux Depôts que cette

Ville conſerve, il y a une Image de la Sainte Vierge de bois de Cedre, que le Peuple ignorant dit avoir été faite par un Prophete de l'ancien Teſtament, qui avoit travaillé chez S. Joſeph.

On y ajoûte beaucoup de foi à ce qu'un Demoniaque prononça autrefois dans une Egliſe de cette Ville, ſçavoir que la Relique qu'on y conſerve d'un des ſaints Innocens qui furent maſſacrez par ordre du Roi Herode, eſt le propre Fils de ce Roi barbare.

CHAPITRE XIII.

Du Lionnois.

LE Lionnois est une petite Province qui donne le nom à sa Capitale, Le peuple y est fort civil & affable aux Etrangers ; sa passion dominante est celle du gain, aussi fait-elle un commerce si étendu qu'on l'appelle le magazin de France, & on dit communément à l'égard de la magnificence de Lion, que si Paris est sans pareil, Lion est sans Compagnon. On l'appelloit autrefois la Colonie de Claude, parce que cet Empereur y nâquit l'an 744. de Rome.

Lion.

La Ville de Lion est divisée en trente-sept Quartiers, que l'on nomme Penonages, qui ont chacun leurs Capitaines, & leurs autres Officiers : elle a sept Portes, ses places sont magnifiques, & ses édifices tant saints que profanes somptueux. Son enceinte de l'an 1544. étoit déja de 6129. toises : & depuis ce tems-là elle est beaucoup augmentée : elle est située au Confluant du Rhône & de la Sône. Sa Cathedrale est dediée à Saint Jean : elle est bâtie sur les ruines de l'Autel qui fut autrefois consacré à l'Empereur Auguste en la même année que l'Empereur Claude reçeut le jour. L'Hôtel de Ville est un des plus superbes bâtimens de l'Europe. Parmi les curiositez qu'on y voit, il y a deux Tables d'airain où l'on a gravé la Harangue que l'Empereur Claude fit au Senat Romain, pour le porter à recevoir Bourgeois Romains, & capables d'entrer dans le Senat, les Lionnois, & les autres Gaulois. L'Arſenal eſt un des mieux fournis de France. Le Palais Archiepiſcopal eſt tres-beau. Le Pape Gregoire VII. en l'année 1079. confirma à l'Archevêque de Lion, le Titre de Primat des Gaules, & ce même droit lui fut auſsi adjugé par pluſieurs autres Pontifes Succeſſeurs de Gregoire. Le Chapitre de Lion eſt composé de trois Egliſes ſous un même Clocher, & au ſon de la même cloche, le Service Divin commence & finit en même-tems dans ces trois Eglises, qui sont celles de Saint Jean, Saint Estienne, & Sainte Croix. Ce Chapitre a toûjours été rempli de personnes autant illustres, par la Noblesse de leur sang, que par leur Doctrine. Cinq à six celebres Auteurs ont remarqué qu'au treiziéme siecle on y avoit vû Chanoines le fils d'un Empereur, neuf fils de Roi, quatorze fils de Ducs, trente fils de Comtes, & vingt Barons.

Le treiziéme Concile Oecumenique fut assemblé à Lion par Innocent IV. en 1245. & Gregoire X. y en celebra un autre en 1274. où il presida lui-même. Outre ces deux Conciles on y en a tenu plusieurs autres particuliers en differens tems.

Le Château de Pierre-Ancise auroit ses beautez si les prisons en avoient, car on y met souvent des Prisonniers de consequence ; Le Duc de Milan y fut mis lorsque les François le prirent aprés sa défaite.

L'Antiquité de Lion se prouve par les Amphiteâtres, les Aqueducs, & les vieilles masures des Palais de plusieurs Empereurs Romains qui y faisoient leur demeure. On voit hors la porte de Vaise, un Sepulchre qu'on appelle des Amans ; les uns veulent que ce soit celui d'Herode & d'Herodias, & d'autres celui de deux Amans qui s'aimerent long-tems, & moururent enfin tous deux dans l'état de virginité : Il y a devant la Porte de Saint Juſt une pierre d'une peſanteur immenſe, qu'on a miſe dans un ſi juſte équilibre qu'on la remuë avec un ſeul doigt.

Cette Ville eſt avantagée de pluſieurs Privileges que lui ont donné ſes Souverains de tems à autre : elle a un Préſidial, des Foires franches, un Prevôt des Marchands pour regler promptement les differens qui ſurviennent pour le Commerce ; & ceux qui ſont honorez de l'Echevinage de Lion, ſont annoblis, eux & leurs deſcendans.

CHAPITRE XIV.

De la Bourgogne & Nivernois.

Bourgogne. LA Bourgogne est une Province avec titre de Duché-Pairie, qui autre fois avoit celui de Roiaume: elle vient de rentrer dans son ancienne splendeur, puis qu'elle a l'honneur de voir porter son nom au Fils aîné de Monseigneur le Dauphin, qui est un Prince accompli, & qui dans sa tendre jeunesse, ne promet pas moins, que de suivre les glorieuses traces de ses Augustes Ancestres. Cette Province a plus de cinquante lieuës du Septentrion au Midi, &

trente du Couchant au Levant. La Riviere de Seine a sa source dans un Village de Bourgogne qu'on appelle Saint Seine. Les Bourguignons sont obligeans, & aiment l'honneur : mais ils sont naturellement opiniâtres, & il faudroit avoir un grand empire sur leur esprit, pour leur faire changer de sentiment.

Dijon en est la Capitale : les Historiens remarquent, que l'Empereur Aurelien aiant fait entierement raser & détruire un lieu qu'on nommoit *Bourg-Dogne* sur la Riviere d'Ouche, craignit d'avoir offensé les Dieux à qui ce Bourg étoit consacré, & fit bâtir un Temple & un Château dans le même endroit, & ajoûtent que ce fut-là les Dijon.

premiers fondemens de cette Capitale.

Il y a un Parlement qui fut institué par Loüis XI. en 1476. On y voit de tres-beaux Edifices, tant saints que profanes, & on y goûte toute sorte de plaisirs. Cette Province s'enrichit par son bled & ses vins, & on la nomme communément le Magazin de Paris. Saint Bernard nâquit dans un Village de cette Province qu'on appelle Fontaine.

Sens. Sens est une Ville Archiépiscopale tres-ancienne, & où l'on voit de belles Eglises, & des Monasteres aussi bien construits qu'en lieu du monde. Elle est encore celebre par son Siege Présidial.

Autun est aussi fort ancienne ; on pretend qu'elle tire l'étimologie de son nom, d'Auguste : quoiqu'il en soit les Romains la jugerent digne de leur amitié, & firent alliance ensemble. Les Druides y ont eu leur Senat ; on y voit des restes d'un Temple de Janus, qu'on nomme encore Janitoye. Parmi ses autres Antiquitez on remarque le Champ de Mars, le Mont de Jupiter, & les restes des Arcs de Triomphe, des Piramides, Aqueducs, &c. Son Eglise Cathedrale dediée à Saint Lazare, & son Palais Episcopal, sont dignes de la curiosité des Voiageurs. Autun.

Auxerre est encore une fort bonne Ville Episcopale avec Auxerre.

Siege Présidial & Baillage; son Evêque loge au Château qu'il ne seroit pas difficile de fortifier, puisqu'il est bâti sur une éminence qui commande la Ville. Elle a vû tenir deux Conciles : le premier, sous le Pontificat de Pelage, en 578. & l'autre, en 1147. Cette Ville avoit autrefois ses Comtes particuliers. Sa situation est sur le bord de la Yonne, qui se jette dans la Seine à Montereau.

Nevers Nevers Capitale du Nivernois, est une Ville considerable non seulement par la bonté & fertilité de son terroir, mais aussi par l'avantage qu'elle tire de la riviere de Loire qui arrose ses murailles, sur laquelle on a bâti un pont de vingt arcades,

& par sa forteresse. Les voiageurs ne manquent pas de visiter les endroits où l'on travaille en verre & en faiance, qui sont des fabriques qui attirent un profit considerable à cette Ville. Son Evêché est suffragant de Sens, & un des meilleurs du Roiaume. Dans la derniere Assemblée des Etats Generaux du Roiaume, les Deputez du Nivernois y comparurent sous le grand Gouvernement de l'Orleanois. Cette petite Province a des mines de fer & d'argent, desquelles on ne tire pas grand avantage.

CHAPITRE XV.

Du Berri & du Bourbonnois.

Berri. QUoi-que la Province de Berri ne ſoit pas d'une fort grande étenduë, elle ne laiſſe pas d'être riche ; ſes draps ſont en grande reputation, auſſi ſes laines ſont les meilleures du Roiaume. Ses peuples ont été autrefois redoutables ; & l'hiſtoire ne nous apprend pas ſeulement les conquêtes qu'ils firent en Germanie & en Italie, mais auſſi que ce même peuple qui tint aſſez long-tems l'Empire des Gaules, fut un de ceux qui firent le plus de peine à Ceſar.

Sa Ville capitale est Bourges, qui a un Archevêché avec titre de Primatie & de Patriarchat, un Siege Présidial, Baillage, Generalité & Université. Sa situation est tres-avantageuse par les rivieres qui y font un espece de marais & remplissent ses fossez. Ses murailles sont en bon état, défenduës par vingt-quatre tours. Elle a sept portes & autant de fauxbourgs. Ses rampars sont à l'épreuve du canon, les pierres étant taillées en pointe de diamant, & de dix-neuf pieds d'épaisseur. L'Eglise Cathedrale de Bourges est consacrée a Saint Estienne; c'est un tres-bel édifice, soûtenu par cinquante-neuf pilliers. Bourges.

Le Tresor qu'on y voit renferme beaucoup de curiositez que les étrangers seront bien-aises de voir lorsqu'ils y passeront : & dont j'aurois joint ici le catalogue, si malheureusement je ne l'avois égaré dans mes voiages. Cette Ville souffrit beaucoup par les courses des Barbares dans le cinquiéme siecle, & elle fume encore du sacagement que les Religionnaires y firent le 27. Mai 1562. lorsque le Comte de Monmoranci, qui étoit à leur tête, l'eut surprise.

Bourbonnois

Le Bourbonnois est separé de la Bourgogne par la riviere de Loire qu'elle a au Levant : au Couchant le Berri; l'Auvergne & le Forest au Midi, & le Nivernois au Septentrion. Cette Province est

moins

moins conſiderable en elle-même, quoi-que ſon Terroir ſoit tres-fertile, que par la gloire qu'elle a de voir l'Illuſtre Maiſon de Bourbon parvenuë à la Couronne de France. On a remarqué que cette Maiſon Roiale, n'eſt pas ſeulement la plus Illuſtre de l'Univers, mais auſſi la plus ancienne; car il n'y a point de Monarques qui puiſſent prouver la Genealogie de leurs Ancêtres, comme nous faiſons celles de nos Rois: car quoi-qu'on compte ordinairement trois Races qui ont occupé le Trône de France, il eſt pourtant probable qu'elles n'ont qu'une même tige.

La Ville de Bourbon a donné le nom à cette Province, **Bourbon.**

quoi-qu'elle n'en ſoit pas la Capitale, puis qu'on attribuë cette qualité à Moulins. Le Château de Bourbon eſt environné de 24. Tours, qui le rendent extrémement fort. Prés de ce Château il y a un grand Etang où ſont les Bains de Bourbon ſi renommez par toute l'Europe.

Moulins.

Moulins eſt une fort grande & belle Ville, ſituée ſur la Riviere de l'Allier ; elle eſt fort ancienne & renommée par ſes Eaux Minerales, & par ſa Coûtellerie. Son Préſidial fait auſſi un de ſes principaux ornemens.

CHAPITRE XVI.

Du Poitou, & Païs d'Aunis.

LE Poitou est une fort grande Province, aiant prés de soixante lieuës d'Orient en Occident : Ses limites sont, au Levant, le Berri, le Limosin, & la Touraine : Au Midi, l'Angoumois, & la Xaintonge : L'Anjou & la Bretagne au Septentrion ; & au Couchant la Mer Occeane. Elle a eu autrefois titre de Roiaume : Les Poitevins sont civils & obligeans ; mais ils sont si enclins à faire des railleries piquantes qu'il faut ou ne pas les frequenter, ou se Poitou.

ſoûmettre à leurs lardons, qui pour être trop frequents, changent leur humeur gaie, & enjoüée, en vice de médiſance.

Poitiers. Sa Ville Capitale eſt Poitiers, ſa ſituation eſt ſur un lieu élevé entre deux Rivieres; ſes bâtimens ſont fort beaux: Elle eſt celebre par ſon Evêché, par ſon Siege Preſidial, & par ſon Univerſité pour le Droit, que le Pape Eugene IV. & Charles VII. y établirent en 1431. En ce tems-là le Parlement de Paris y avoit été transferé, parce que les Anglois étoient Maîtres de la Capitale du Roiaume. Ce fut prés de Poitiers que ſe donna cette Bataille ſi funeſte à la France en 1356. où les Anglois firent le

Roi Jean prisonnier.

La Ville de Poitiers est gouvernée par un Maire, douze Echevins, & douze Conseillers Jurez; ses murailles, son Château, les restes de son Amphiteatre, & ses autres Edifices sont des preuves de son antiquité. Parmi les Reliques qu'on y conserve, on voit dans la Metropole partie de la Barbe de saint Pierre, que saint Hilaire y apporta de Rome, (à ce qu'on dit.) La Figure du Grand Constantin est dans l'Eglise de Nôtre-Dame: Dans celle de saint Hilaire on y voit un Tronc d'arbre qu'on dit avoir servi de berceau à ce Saint, qui a la vertu de rendre l'esprit aux insensez: Et un Sepulchre qui consume les corps en vingt-quatre heures, & qui devient puant lors qu'on le frote avec du fer.

A demi lieuë de la Ville on y voit ce qu'on appelle *la Pierre élevée;* c'est une grosse pierre qui a vingt-cinq pieds de long sur dix-sept de large, soûtenuë par quatre autres pierres : On veut que Pantagruel l'ait tirée d'une Roche qu'on appelloit *Passe-lourdin.* On y a gravé dessus ce Distique.

Hinc lapis ingentem superat gravitate Colossum.
Ponderis & grandi sidera mole petit.

Cette pierre est soûtenuë par quatre pilliers, comme j'ai déja dit; il y en a un cinquiéme sur lequel la pierre n'appuie pas, ne s'en manquant qu'environ un travers de doigt, & voici ce que les Gens du Païs en disent. Que sainte Aldegonde portant cette pierre sur sa tête, & les cinq pilliers dans son tablier, elle en laissa tomber un, que le Diable ramassa d'abord, & suivit cette Sainte, qui s'étant arrêtée à demi lieuë de Poitiers, elle mit cette pierre sur les quatre pilliers qui étoient restez dans son tablier, & le Diable voulant y ajoûter le cinquiéme, il ne pût jamais l'élever assez pour atteindre aussi haut que les autres, & aider à supporter le fardeau.

Je ne dois pas passer sous silence une Caverne qui est à

prés de quatre lieuës de la Ville, dont l'entrée est malaisée, & la sortie encore plus difficile. On dit qu'autrefois on s'y alloit promener aprés les réjoüissances qui suivent ordinairement les nopces; mais qu'une jeune Epousée qui y tomba s'étant écrasée la tête, celles qui lui ont succedé ont jugé à propos de garder la leur, ainsi cette coûtume s'est abolie. Ceux qui visiteront l'Hôtel de Ville de Poitiers, pourront voir gravez sur des lames de cuivre, les Privileges que plusieurs Rois de France lui ont accordez de temps à autre.

On voit dans le Poitou plusieurs autres belles Villes, comme Lodun, dont le Château est des mieux situez du Roiaume,

Lodun.

& Châtelerault si renommé pour sa coûtelerie, & où l'on travaille en Diamans faux mieux qu'en endroit du monde : Le Pont que la Reine Catherine de Medicis y fit bâtir est tres-beau ; il a soixante-six pas de large, & deux cens trente de long, comprenant neuf Arcades. Mallaisai & Lusson sont deux Villes Episcopales, qui ont de tres-belles Eglises, & des agrémens particuliers ; cependant ce premier Evêché fût transferé à la Rochelle en 1648. Châtelerault.

Le Païs d'Aunis, ainsi nommé à cause, dit-on, qu'un Roi voulut conquerir ce Païs en gagnant une aune de terrain par jour, quoique de petite étenduë est tres-fertile, & fort peuplé ; la Ville de la La Rochelle.

Rochelle est sa Capitale : Bien qu'elle ne soit pas fort ancienne, elle a été renommée dans le dernier siecle, à l'occasion des Guerres Civiles pour la Religion : Les premieres maisons qu'on y bâtit furent pour empêcher les courses des Normans, qui y faisoient des descentes de tems à autre. Par le Traité de Bretigni elle fut cedée aux Anglois : mais comme c'étoit contre le gré des Habitans, elle rentra quelque tems aprés sous la domination de France.

Les Religionnaires s'en rendirent Maîtres dans le dernier siecle, & la Nouë qui en étoit Gouverneur, soûtint vaillamment le siege que Charles IX. y mit inutilement sous la conduite du Prince Henri ſon Frere en 1573. qui l'abandonna pour aller prendre poſſeſſion de la Couronne de Pologne, Il ſe forma une aſſemblée de Religionnaires à la Rochelle en 1620. pour y jetter les fondemens d'une petite Republique Proteſtante : mais Loüis XIII. les fit rentrer dans leur devoir en 1622. & comme les Anglois & les Hollandois les incitoient à ſe revolter, & que la Mer leur facilitoit un paſſage pour les ſecours qu'ils y envoioient, ils s'attirerent bien-tôt l'indignation de leur Prince Souverain, & le Cardinal de Richelieu aiant fait conſtruire une Digue vers la fin de 1627. qui avoit ſept cens quarante-ſept toiſes de longueur, afin de leur ôter la communication de la

Mer ; Les Rochelois se rendirent le vingt-neuf Octobre 1628. Le Roi qui s'étoit trouvé en personne à ce siege entra dans la Ville le jour de la Toussaint, ôta aux Habitans les Privileges qui avoient donné lieu à leurs Rebellions, & fit raser leurs fortifications, à la reserve de celles qui furent jugées necessaires pour la défense de son Port, fermé d'une chaîne qui va d'une Tour à l'autre.

Depuis ce temps-là le Roi y a fait faire de nouvelles fortifications ; le commerce y fleurit, & elle se trouve aujourd'hui le rendez-vous des marchandises qu'on transporte dans les Indes. J'ai déja dit qu'elle a un Evêché depuis 1648. & je dois ajoûter que c'est aussi un Siege Presidial, celui d'une Cour Souveraine pour les Salines du Ponant, & qu'on y bat monnoie. Le Peuple dans son humeur se sent de l'air marin qu'on y respire, ce qui fait qu'ils sont un peu insolens, & ont une abondance de vanité & d'orgueil.

CHAPITRE XVII.

De la Bretagne.

LA Bretagne est une grande Province, qu'on nomme ordinairement la petite Bretagne, pour la distinguer de la grande, qui comprend les Roiaumes d'Angleterre, d'Ecosse, d'Irlande, & les pe- Bretagne.

tites Isles voisines. Nous n'avons point de Province en France qui ait un si grand nombre de bons Ports que celle-ci ; car elle est environnée de l'Occean au Septentrion, au Midi & au Couchant. Aiant au Levant le bas Poitou, l'Anjou, le Maine, & la Normandie. Elle a soixante-dix lieuës de longueur, & environ quarante de largeur, elle contient neuf Evêchez : Elle a eu des Rois pendant plus de trois cents ans consecutivement, mais elle n'a plus que titre de Duché : On y trouve des Mines de fer, de plomb, & même d'argent. Aprés avoir remarqué la situation de cette Province, je ne crois pas qu'il soit necessaire de dire que la Mer lui a procuré l'abord ince de toute ſorte de choſes. L'humeur des Bretons eſt aſſez ſociable : cependant il y a deux ſortes de gens qui leur plaiſent plus que les autres : ce ſont ceux qui peuvent leur tenir tête à bien boire, & ceux qui par leurs diſcours ou autrement, font paroître n'aimer pas les Normans ; car les peuples de ces deux Provinces, ont une telle antipathie, qu'ils ne ſçauroient dire du bien les uns des autres.

Rennes eſt la Capitale de la Bretagne, coupée par la petite riviere de Villaine, qui y amene de fort groſſes barques, quoi-qu'elle ſoit à plus de vingt lieuës de la mer. Le Roi Henri II. y établit un Parlement : il y a auſſi Rennes.

un Evêché suffragant de Tours, de tres-belles Eglises, & plusieurs Reliques qu'un voiageur sera toûjours bien-aise de voir, soit par devotion ou par curiosité.

Nantes. Nantes le dispute à Rennes pour la qualité de Capitale; elle a un Evêché aussi-bien qu'elle, & pretend que son Port de mer la rend plus riche, plus celebre, & la dédommage amplement du Parlement dont l'autre se fait un honneur; & sans entreprendre de décider le differend de ces deux Villes celebres, je remarquerai que Nantes est tres-ancienne: quelques Auteurs veulent que Nantez, un des descendans de Noé, fut son fondateur, & lui fit porter son nom: quoi-qu'il en ſoit, elle a eu ſes Comtes particuliers : la beauté & fertilité de ſon terroir l'ont fait ſurnommer *l'œil de la Bretagne.* Elle a un beau Château pour la ſeureté de ſon Port, & ſon Preſidial & Election ne la rendent pas moins recommandable, que l'Univerſité pour le Droit, que le Pape Pie II. y établit du tems de François dernier Duc de Bretagne.

En viſitant les Egliſes, on y verra les Tombeaux de pluſieurs Ducs de Bretagne ; l'Hôtel de Ville bâti à la moderne, & les beaux magaſins de toute ſorte de marchandiſes meritent d'être vûs par les voiageurs, qui ſeront ſurpris de la grande quantité de richeſſes que cette Ville renferme. L'Edit que le Roi Henri IV. donna à Nantes en faveur de ceux de la Religion Pretenduë Reformée, au mois d'Avril 598. fut revoqué par Loüis le Grand au mois d'Octobre 1685.

Saint Malo

Saint-Malo est un autre Port de mer fort renommé: la Ville qui tire son nom de son premier Evêque Maclovius, est bâtie sur un rocher dans la mer, où étoit autrefois Aleth, dont on apperçoit encore quelques ruïnes; l'Evêché de Qüidalet y fut transferé en 1172. Cette Isle qui s'appelle de saint Aron, est jointe presentement à la terre ferme par le moien d'une longue chaussée. Les Maloins sont fort bons mariniers; les Anglois & les Hollandois peuvent rendre témoignage de leur habileté ; car depuis leur rupture avec la France, les seuls Maloins leur ont pris plus de vaisseaux, qu'ils n'en sçauroient faire construire, du gain qu'ils ont fait sur leur commerce, pendant tout le cours de cette guerre.

J'ai deux choses à remarquer sur Saint-Malo, dont l'une est fort veritable, & l'autre me paroît fabuleuse, quoique les gens du lieu me l'aient donnée pour chose certaine. La premiere, c'est que la nuit on y lâche douze ou quinze gros chiens, qui s'en vont d'abord faire le tour de la Ville sur les rampars, & déchirent immanquablement tous ceux qu'ils rencontrent ; aussi avant que de leur permettre de faire la patrouille, on sonne une cloche pendant quelque tems, pour avertir le monde de leur venuë. Ces chiens sont dressez à cela pour garantir la Ville de surprise ; & c'est ce qui a fait dire à quelques-uns que des chiens avoient la garde de Saint Malo.

Ma seconde remarque, regarde un corbeau & une corneille qui sont dans cette Isle, dont le nombre n'augmente jamais ; lorsqu'un des deux vient à mourir, tous ceux qui sont aux environs y accourent pour prendre possession de la place vacante, comme d'un heritage ; & comme ils n'ont pas encore connoissance de la Loi écrite, ni du Droit canon, encore moins de la genealogie de leurs ancêtres, pour le laisser aux plus proches parens, il s'allume une guerre entr'eux fort sanglante; il en reste beaucoup sur la place, quantité de blessez ou de poltrons se sauvent en terre ferme, & enfin le plus fort demeure victorieux & paisible possesseur de l'Isle le reste de ses jours. A l'égard du survivant, on ne m'a pas sçû dire si en perdant sa compagne il perdoit ses droits, & s'il falloit qu'il mesurât encore son bec & ses serres avec ses envieux.

Brest est le meilleur Port de mer que les François aient sur l'Ocean, aussi est-il le grand Arsenal maritime du Roiaume, & le rendez-vous des armées navales de Sa Majesté; l'en- Brest.

trée de sa baie est difficile, à cause qu'il y a plusieurs rochers dont la plûpart ne sont couverts d'eau que par la haute marée: mais il y a de tres-habiles pilotes pour éviter ces dangers. Le Roi a fait fortifier cette place d'une maniere surprenante; & ce n'est pas sans raison, puisque c'est une des principales clefs de son Roiaume, & le rendez-vous de ses armées navales.

CHAPITRE XVIII.

De l'Anjou & de la Touraine.

LA Province d'Anjou avec titre de Duché, a la Bretagne au Couchant, le Maine au Septentrion, la Touraine au Levant, & le Poitou au Midi : elle a trente lieuës de long, & vingt de large : comme elle est arrosée de la Loire, de la Sarre, & de plusieurs autres Rivieres, elle est extrémement fertile, & son Peuple fort spirituel & fort subtil. Anjou.

Angers sa Capitale est appellée la Ville Noire par quelques Auteurs, à cause que tou- Angers.

tes ses maisons sont couvertes d'ardoise, qu'on tire des Carrieres voisines. Elle a un Evêché, un Presidial, un Bailliage, une Cour des Monnoies, & une Université pour le Droit, fondée par Charles V. en 1364. d'autres disent par Loüis XII. en 1398. Sa Cathedrale est dediée à Saint Maurice : c'est un tres-bel Edifice, & l'on est surpris de voir ses trois Clochers sur le Portail, dont celui du milieu paroît comme suspendu, étant appuié sur les fondemens des deux autres. Parmi les Antiquitez de son Tresor, on remarque l'épée de Saint Maurice, & une des Urnes où Nôtre-Seigneur changea l'eau en vin aux Noces de Cana.

Son Château est fort ancien,

bâti ſur un Rocher, flanqué de dix-huit groſſes Tours rondes, & défendu d'un large & profond foſſé qu'on a taillé dans le Roc: On y transfere ſouvent des Priſonniers d'Etat. Les Religionnaires le ſurprirent en 1585. mais peu aprés les Angevins les en chaſſerent: Enfin Angers eſt encore recommandable par ſon Academie Roiale qu'on y a établie conformément aux Patentes du Roi du mois de Juin 1685. avec les mêmes Privileges dont joüiſſent les Academiciens de celle de Paris, à la reſerve du *Comitimus*. Le nombre des Academiciens eſt fixé à trente, outre l'Evêque, le Lieutenant de Roi, le Premier Preſident, & le Procureur de Sa Majeſté au Préſidial, &

quelques autres Officiers y ont droit de seance en consideration de leurs Charges.

Touraine. La Touraine est au Septentrion de l'Anjou, comme je l'ai remarqué, elle peut avoir trente lieuës de longueur, & guere davantage en largeur: ce Païs est si fertile qu'on le nomme le Jardin de France; le Peuple y est doux, honnête & spirituel; pour être de leurs amis, il ne faut pas être melancoliques, aussi les a-t-on surnommez les *Rieurs de Tours*.

Tours. Ceux qui ont vû la Ville de Tours Capitale de cette Province, conviennent que c'est un des plus beaux sejours du Roiaume. Il y a un Archevêché, un Siege Présidial, & une Cour des Monnoies; la

Loire y fait abonder toutes choses : On a fait un Pont sur ce Fleuve, qui contient dix-neuf Arches. On y fait quantité d'étoffes de soie, qu'on transporte dans toutes les bonnes Villes de l'Europe. L'Eglise de Saint Martin est d'une vaste étenduë, elle a cent soixante pieds de long, cinquante-deux fenêtres, vingt colonnes, dix-neuf portes, & trois fort hautes tours. On y trouva en 1591. deux Urnes remplies des cendres de plusieurs corps consumez par le feu. Il y a d'autres Villes tres-considerables en Touraine, dont je ne fais point de mention, comme Loches, Langez, Chinois, Chaumont, &c. pour dire en un mot que cette

Province eſt les veritables delices de la France.

CHAPITRE XIX.

De la Beauſſe, qui comprend l'Orleannois, le Bleſois, & le Païs Chartrain.

Beauſſe.

COmme on n'a pas encore donné de juſtes bornes à cette Province, à cauſe que divers Auteurs y joignent les Païs voiſins par un pur caprice, je n'entreprendrai pas de limiter ſon étenduë, & ſuivant l'opinion de ceux qui la diviſent en haute, moienne & baſſe, qu'on appelle communément le Païs Chartrain, l'Orleannois, & le

Blesois, je remarquerai seulement ce qu'il y a de plus curieux dans ses principales Villes, aprés avoir dit, que le Païs dont je parle, est à juste titre appellé le Grenier de la France, à raison de la quantité de bled qu'il produit; que les Chartrains passent pour zelez Catholiques, les Orleannois pour un peu médisans, les Blesois pour ceux qui parlent mieux François, & les uns & les autres pour fort civils & obligeans.

Chartres est une Ville si ancienne, que quelques Auteurs pretendent qu'elle a été fondée par les Gomerites qui furent envoiez dans les Gaules peu aprés le tems de Noé: Il est certain que les Druides y firent bâtir un Autel long- Chartres.

tems avant la naissance de Nôtre-Seigneur JESUS-CHRIST, dedié *à la Vierge qui doit enfanter.* Et puisque Saint Paul trouva dans Athenes un Autel dedié *au Dieu inconnu*, on peut facilement croire que par un esprit Prophetique, ou par d'autres ressorts seuls connus à la Providence, les Paiens cherchoient dans leurs tenebres, la connoissance que Dieu avoit reservée aux Chrétiens; & je pourrois bien dire sur ce sujet, que si l'on trouvoit des Chrêtiens parmi les Paiens de ce temps-là, on trouve encore plus de Paiens parmi les Chrétiens d'aujourd'hui.

On voit un Puits à Chartres qu'on nomme Puits des Saints, parce que les Romains y precipitoient les Chrétiens de la Primitive Eglise: Cette Ville a un Siege Presidial, & un Evêché Suffragant de Paris depuis 1622. Car auparavant il dépendoit de l'Archevêque de Sens. On y remarque beaucoup d'Antiquitez, & quantité de Reliques.

Orleans est une Ville tres-considerable, elle a titre de Duché, un Evêché Suffragant de Paris, un Siege Presidial, & une Université pour le Droit, fondée par Saint Loüis & confirmée par Philipe le Bel en 1312. Tout cela rend cette Ville fort recommandable, mais la gloire qu'elle a d'être l'Appanage & de voir porter son nom aux seconds Fils de France, releve de beaucoup l'idée que les Etrangers en ont. Elle est située sur les Orleans.

bords de la Riviere de Loire, au milieu d'un Païs de vignobles qui lui fournissent d'excellent vin.

Parmi ses édifices les plus considerables, on remarque l'Eglise de Sainte Croix, que les Religionnaires ruïnerent dans le dernier siecle ; mais quoiqu'Henri le Grand l'ait fait rétablir, on n'a pas pû lui rendre la beauté de l'Antiquité. Cette Ville a été assiegée diverses fois ; les Anglois l'investirent en 1417. & elle fut delivrée par Jeanne de l'Arc, surnommée la Pucelle d'Orleans : Dans ce tems-là le Roiaume étoit à deux doigts de sa ruïne, & cette fille qui étoit une simple Bergere, native de Dompremi sur la Meuse, reçût un ordre de Dieu d'aller delivrer Orleans, & faire ſacrer à Reims Charles VII. Roi de France : Cette fille étant arrivée à la Cour, elle reconnut le Roi, qu'elle n'avoit jamais veu, quoiqu'il n'eût rien qui le diſtinguât ; & qu'il ſe fût confuſément mêlé parmi ſes Courtiſans.

Elle lui dit l'ordre qu'elle avoit receu du Ciel ; on lui donna les Troupes qu'elle demandoit, avec leſquelles elle défit les Anglois, & delivra la Ville d'Orleans, enſuite elle fit ſacrer le Roi à Reims ; reconquît toute la Champagne, & auroit fait repaſſer la Mer aux Anglois, ſi elle n'eût eu le malheur d'en être priſe devant Compiegne en 1430. d'où elle vouloit les chaſſer : ils la conduiſirent à Roüen, où elle fut brûlée vive. On la ſurnomma la Pucelle, parce qu'aiant été viſitée par des Matrones en preſence de la Reine de Sicile, elle fut trouvée telle. Les Orleanois l'ont en ſi grande veneration, qu'ils lui ont fait ériger une Statuë ſur le Pont d'Orleans.

Chambort. On voit de tres-belles maiſons de Campagne aux environs d'Orleans, dont Chambort eſt la plus conſiderable; elle fut bâtie par ordre de François I. Son degré paſſe pour un prodige, parce que lors qu'on veut aller dans une Chambre au-deſſus de celle où l'on eſt, il faut deſcendre au lieu de monter.

Blois. La Loire arroſe les murailles de Blois auſſi-bien que celles d'Orleans, la Ville eſt un fort beau ſejour, & les promenades agréables, pourvû que les chemins ſoient ſecs; car la terre y eſt ſi graſſe, que la moindre humidité les rend impraticables. Elle a un fort beau Château bâti ſur un Rocher, où pluſieurs Rois ont fait leur demeure. On a élevé une Piramide ſur le Pont qui traverſe la Loire, à l'honneur d'Henri le Grand. On y voit de beaux reſtes d'Antiquitez Romaines, & un Voiageur trouvera du plaiſir à viſiter le Parc du Château Roial.

A quelque diſtance de la Ville on voit le Château de Buri; on a élevé dans ſa Cour une Colonne ſur laquelle eſt la figure du Roi David en Buri.

cuivre, qu'on a apportée de Rome.

Lac de Vendôme.

Le Lac qui est dans la Duché de Vendôme est tres-remarquable, en ce qu'il regorge d'eau pendant sept ans, & reste sec les autres sept années, pendant lesquelles on voit des Cavernes extrémement profondes, & des précipices éfroiables: Les Païsans connoissent à certaines remarques de la hauteur de l'eau, si les sept années de l'absence de ces eaux seront abondantes ou steriles.

Amboise.

Amboise est une Ville tres-ancienne où le Roi Charles VIII. prit naissance, & c'est ce Prince qui y fit bâtir ce Château qui en fait l'ornement. Le Roi Loüis XII. y institua l'Ordre des Chevaliers de Saint Michel le premier jour d'Août 1469. Cette Ville est encore renommée par la Conspiration qu'on y découvrit, tramée contre François II. Catherine de Medicis sa Mere, & toute la Cour qui y étoit en 1560. Et l'Histoire nous apprend qu'on y fit une sanglante boucherie des Conspirateurs, parmi lesquels il y avoit un grand nombre de Gens de qualité.

CHAPITRE XX.

De l'Isle de France.

L'Isle de France. LOrsque les étrangers entendent parler de l'Isle de France, à moins qu'ils ne jettent les yeux sur la Carte, ils la prennent pour une terre séparée du reste du Roiaume par quelques eaux : mais quoi-qu'elle soit entrecoupée de beaucoup de rivieres, elles n'en forment pourtant pas une Isle, & ce n'est proprement que le nom que la Province a tiré de quelques petites Isles que la Seine forme en differens endroits, & entre autres deux dans l'enceinte de Paris, que l'on nom-

Echelle
d'une Lieüe
Godnart
St. DENIS
St. Remy
La Garenne
Genevillers
Plaine de Genevillers
Seyne
Maison de Seine
Argenteuil
Bac
St. Oüen
Colombes
Asniers
le Marais
Bezon
Colombes
Clichy
la Garenne
Maison du Bac
Bac
Plaine de St. Denis
la Villette
la Chapelle
Monmartre
la Tournelle
Courcelle
Villers
Abbaye
Courbevoye
Beauvoir
Monceaux
Nouvelle France
la Folie
Port de Neuilly
Neuilly
Terpes
les Porcherons
Chantecoq
Porte des Sablons
le Roule
Nanterre
Ville l'Eveque
Madrid
Chaillot
St. Geneviève
Puteaux
Calvaire
Bois de Boulogne
Suresne
Ruel
les Invalides
Grenelle
PARIS
la Folie
les Ruelles
Fouilleuse
Boulogne
Vaugirard
St. Cloud
Plaine de Vaugirard
Javelle
Garges
Maladrid
Montrouge
Ville Neuve
Issy
l'orme de Montrouge
Nouvelle Chaussée
Arcueil
Vanvre
Châtillon
Ville Davray
Val de Meudon
Cachan
Sevre
Bagneux
Meudon
Clamart
Fontenay aux Roses
les Platrieres
PARC DE MEUDON
Bourg de la Reyne

LES ENVIRONS DE PARIS

Par N. de Fer 1692.

Gravé par C. Inselin

me l'Isle Nôtre-Dame & l'Isle du Palais. Cette Province est la plus noble portion du plus illustre, du plus puissant & du plus florissant Etat du Monde.

Paris n'est pas seulement la Capitale de cette Province, elle l'est aussi de tout le Roiaume, & c'est avec justice qu'un Auteur la nomme la Reine des Villes du Monde : elle est si ancienne, qu'on ne peut pas dire positivement le tems qu'on a commencé à la bâtir ; quelques-uns disent que ses fondemens furent jettez avant la mort de Noé : quoiqu'il en soit les Auteurs conviennent qu'elle est plus ancienne que Rome, comme elle est aussi plus grande ; puisque Rome n'a que vingt- Paris.

trois mille cinquante pas de circuit, & que Paris en a vingt-ſix mille huit cents cinquante, y compris ſes fauxbourgs. Elle eſt illuſtre en toutes ſes parties ; le Sieur de Fer Geographe de Monſeigneur le Dauphin, en a donné depuis peu un plan ſi éxact qu'il y a marqué juſqu'aux moindres circonſtances, & ſur lequel, d'un coup d'œil, on voit l'immenſe grandeur & la magnificence de cet abregé de l'Univers. Je renvoie à cette carte ceux qui voudront avoir une connoiſſance exacte de Paris.

Archevêché. En 1622. l'Evêché fut érigé en Archevêché ; il ſe trouve preſentement rempli par un des plus ſçavans, des plus illuſtres & des plus obligeans

Prelats du Roiaume : c'eſt Meſſire François de Harlai, Duc & Pair de France, Commandeur des Ordres du Roi, ci-devant Archevêque de Roüen, & dont le merite eſt univerſellement connu. Il a Seance au Parlement de Paris qui eſt le premier du Roiaume, & qu'on appelle ordinairement le Parlement des Pairs ; outre ce Tribunal, Paris en a pluſieurs autres ; comme la Chambre des Comptes, le Châtelet, &c.

Parlement.

L'Univerſité de Paris fondée par Charlemagne, eſt la plus celebre de France, & même de toute l'Europe, où l'on enſeigne toutes les Sciences. Je crois que pour appuier le ſentiment de Monſieur de Balſac qui appel-

Univerſité.

loit l'Université de Paris le Païs Latin ; il suffit de dire qu'elle a cinquante - cinq Colleges qui sont toûjours remplis d'une infinité d'écoliers , & personne n'ignore que la Sorbonne ne soit la pepiniere des Sçavans, & le College le plus rigide de France.

Je ne me suis pas proposé de faire une description éxacte de toutes les beautez de Paris, car un volume in-folio n'y suffiroit pas ; je remarquerai seulement les choses qui la rendent la plus recommandable , sans entrer dans aucun détail. La premiere est sans doute le séjour que nos Rois y ont fait depuis tres-long-tems ; & lorsque le Palais du Louvre, qu'on

Le Louvre.

a joint à celui des Tuilleries, ſera achevé avec l'ordre & la magnificence avec laquelle il eſt commencé, ce ſera ſans contredit le plus beau bâtiment de l'Univers : il y aura non ſeulement du logement pour toute la Cour, mais auſſi pour les Miniſtres d'Etat, pour tous les Officiers de la Couronne, & même pour tous les Ambaſſadeurs Etrangers qui reſideront près du Roi Tres-Chrêtien.

L'Egliſe Cathedrale eſt dediée à la Sainte Vierge ; elle a cent ſoixante & quatorze pas de long ſur ſoixante de large : on y voit l'ancien & le nouveau Teſtament gravé ſur les pierres du Chœur. Le frontiſpice de l'Egliſe eſt Ses Egliſes.

orné de trois grandes portes, ſur leſquelles on voit vingt-huit figures de Rois qui ont regné depuis Childebert juſqu'à Philippe Auguſte : deux hautes tours quarrées lui ſervent de clocher, & ſont eſtimées les plus belles de France ; auſſi dit-on communément que pour avoir une Egliſe parfaite, il faudroit joindre le Chœur de Beauvais, la Nef d'Amiens, le Portail de Reims, le Clocher de Chartres, avec les Tours de Paris. On ſera ſurpris de voir ce grand & ſuperbe bâtiment, lorſqu'on ſçaura qu'il eſt bâti ſur pilotis, à cauſe qu'il eſt à l'extremité de l'Iſle du Palais. Le Chœur, la Nef & les Chapelles ſont ornées de fort beaux Tableaux, & on y conſerve de precieuſes Reliques.

La Sainte Chapelle du Palais, eſt auſſi une Egliſe conſiderable, non ſeulement par ſes antiquitez & ſes Reliques, mais auſſi pour la ſtructure de ſon bâtiment, porté par des pilliers ſi minces, quon eſt ſurpris de ce qu'ils peuvent ſoûtenir ce fardeau. Enfin ſans m'engager à parler de toutes les Egliſes en particulier, je dirai que Paris contient cinquante & une Parroiſſes, dont la plûpart ſont de vingt-cinq, trente à trente-cinq mille communians; cinquante-deux Monaſteres d'hommes, soixante & dix-huit de filles & trente Hôpitaux.

Si nous ajoûtons à cela que Paris a huit cens trente ruës, *Sa grandeur.*

douze fauxbourgs, dont un ſeul qui eſt celui de ſaint Germain des Prez, eſt plus grand que beaucoup de Villes Capitales; ſoixante & treize places publiques, dix ponts, & une grande quantité de Palais ou grands Hôtels; nous ne ſerons pas ſurpris que Charlesquint ait dit, qu'il avoit vû en France un monde, une ville & un village; le monde étoit Paris, la Ville étoit Orleans, & le village Poitiers. On n'auroit pas de la peine à armer deux cents mille hommes à Paris pour le ſervice de l'Etat; car on formeroit une armée ſeulement des gens de livrée depuis l'âge de dix-huit juſqu'à trente ans.

La Baſtille. La Baſtille eſt un Château

bâti à la porte ſaint Antoine pour la ſeureté de l'arſenal de Paris qui eſt un des mieux fournis de l'Europe ; cette forterceſſe eſt munie de bonne artillerie, & c'eſt où l'on met ſouvent les priſonniers d'Etat.

Invalides.

L'Hôpital Roial des Invalides, eſt une maiſon que le Roi Loüis le Grand a fait bâtir pour mettre les Officiers & ſoldats qui ne ſont pas en état de porter les armes, aiant été eſtropiez au ſervice de Sa Majeſté ; on peut y loger commodément quatre mille hommes, qui y font une garde auſſi exacte que dans une place de guerre.

Comme Paris eſt au cœur du Roiaume, on n'a pas beſoin d'y entretenir de garniniſon : mais comme c'eſt l'abord de toute ſorte de gens, & que ſouvent c'eſt dans la multitude où les fripons tâchent de faire leur coup, la Ville entretient un guet à pied & à cheval d'environ deux cents cinquante hommes, qu'on diviſe en pluſieurs quartiers pour faire la patrouille : mais comme les voleurs tâchent de les éviter, le bourgeois ſe trouve ſouvent inſulté lorſque la patrouille a paſſé, ſans ſçavoir où courir demander du ſecours. Il eſt vrai qu'il ſeroit facile à mon avis, d'aſſeurer Paris contre les vols & les meurtres qui y ſont aſſez frequens, ſans qu'il en coûta preſque rien à la Ville : mais il y auroit de la temerité à

Le Guet

moi

moi de pretendre donner des lumieres aux plus éclairez Magiſtrats de l'Europe.

Place-Roiale.

J'ai dit que Paris avoit ſoixante-treize Places publiques; je ne pretens parler que des trois plus Modernes, qui ſont auſſi les plus conſiderables. La premiere ſe nomme la Place Roiale, qu'on a faite dans l'endroit où ètoit autrefois le Palais des Tournelles, prés de la ruë Saint Antoine: Elle eſt fort reguliere, & environnée de trente-ſix Pavillons de même ſimetrie, & entourée d'une grille de fer dans tout ſon grand circuit: Tous les devans des Maiſons d'autour de la Place, ſont ſuportez par des Pilliers qui forment une eſpece de Gallerie, ſous laquelle en tout tems, on peut être à couvert du Soleil & de la pluie. Henri IV. l'avoit faite commmencer : mais n'aiant été achevée que du tems de Loüis XIII. on y posa la Statuë de Bronze à Cheval de ce dernier Monarque, le vingt-sept Septembre 1639. sur un piedestal de marbre blanc, avec des inscriptions aux quatre côtez.

Celle des Victoires.

La seconde est la Place des Victoires dans la Paroisse Saint Eustache, au bout de la ruë des Petits-Champs, que quelques-uns connoissent mieux par le Quartier Mazarin. Messire François d'Aubusson, Duc de la Feüillade, a érigé cette Place pour un Monument éternel, de sa fidelité & de son zele pour la gloire de nôtre Victorieux & Incomparable Monarque Loüis XIV. En 1686. il mit dans cette Place la Statuë de Sa Majesté de Bronze dorée, dont voici la description.

Le Groupe de cette Statuë est composée de trois Figures: l'une represente le Roi debout avec ses habits Roiaux; l'autre la Victoire qui est derriere aiant un pied sur un Globe, d'où elle s'éleve, & met une Couronne sur la tête du Roi; & la troisiéme, un Cerbere que Sa Majesté foule aux pieds, ce qui fait allusion à la triple alliance dont Sa Majesté a heureusement triomphé. La Statuë du Roi a treize pieds de haut: Ce Groupe avec une Massuë d'Hercule, une peau de Lion, & un Casque pese plus de trente milliers: le tout fort proprement doré, & élevé ſur un Piedeſtal de Marbre vené de vingt-deux pieds de haut, orné de quatre Corps de Bronze enchaînez, avec des inſcriptions qui marquent la Loi que le Roi a donnée à ſes Ennemis. Aux quatre avenuës de la Place, il y a un Fanal de Bronze doré à chacune, qu'on allume toutes les nuits pur éclairer la Place: il eſt ſoûtenu par trois Colomnes de Marbre, ornées de bas reliefs de Bronze, qui repreſentent les Victoires du Roi.

Monſieur de la Feüillade, prevoiant bien que le temps vient à bout de toutes choſes, & voulant conſerver à perpetuité ce Monument dans ſon entier, fit en 1687. une donnation de tous ses biens à Monsieur le Duc de la Feüillade d'aujourd'hui son fils unique, avec substitution à ses descendans mâles, & à leur deffaut à tous ceux du Nom & Armes d'Aubusson ; & faute de ceux-ci à la Ville de Paris, à condition que ces Heritiers feront redorer à leurs frais & dépens tous les vingt-cinq ans la Statuë, les Fanaux, & les ornemens, d'entretenir de toutes reparations ces Ouvrages, & de fournir aux luminaires ordonnez pour éclairer la Place.

La troisiéme, est une fort grande & belle Place, à peu prés de la forme de la Place-Roiale, du moins y aura-t-il des Arcades en forme de Gallerie tout au-tour ; elle abou- Place des Conquêtes.

tit dans la ruë Saint Honoré, faiſant face aux Convents des Feüillans & des Capucins, & elle s'enfonce juſqu'à la ruë Neuve des Petits-Champs. Monſieur de Louvois l'avoit faite commencer : mais depuis ſa mort on a diſcontinué les travaux. On l'appelle *la Place des Conquêtes* ; elle eſt deſtinée pour y mettre la Statuë du Roi à Cheval qui eſt déja faite ; & les ornemens qui l'accompagneront, marqueront les plus glorieuſes actions de cet invincible Monarque.

Henri IV. Puiſque je me ſuis engagé à parler des Places publiques où l'on voit des Statuës de nos Rois, je ne dois pas oublier celle d'Henri le Grand, érigée ſur le Pont-Neuf, vis-à-vis la Place Dauphine. Elle est de Bronze, sur un Cheval de même matiere, élevé sur un Piedestal de Marbre & de Jaspe, orné de Reliefs & Inscriptions en lettres d'or, marquant les principales Victoires de ce Grand Monarque.

Le Pont-Neuf sur la pointe de l'Isle du Palais fut commencé de bâtir en 1578. sous le regne d'Henri III. mais il ne fut achevé qu'en 1604. lors qu'Henri le Grand fut parvenu à la Couronne, & eût appaisé une partie des troubles de son Etat; il contient deux Ponts que la pointe de l'Isle joint ensemble, soûtenu par douze Arches; il est bordé des deux côtez sur une élevation d'environ trois pieds, **Pont-Neuf.**

d'une infinité de Boutiques de Fripiers, & cela n'empêche pas que quatre Carrosses de front ne puissent marcher dans le milieu. Il est encore orné d'une Maison sur pilotis qu'on appelle communément la Samaritaine, à cause de la figure de cette Femme qu'on y voit avec celle de Nôtre-Seigneur, qui lui fait connoître qu'il y a une eau plus salutaire que celle qu'elle cherche.

Autres Ponts.

On a bâti depuis quelques années un autre Pont sur la forme de celui-ci, vis-à-vis le Palais des Tuilleries, dans l'endroit où étoit le Pont-Rouge, qu'on appelle presentement Pont-Roial. Il y a encore plusieurs autres Ponts considerables, comme ceux au

Change, Saint Michel, Nôtre-Dame, le Pont Marie, &c. qui ſont bordez de maiſons ſi hautes qu'on ne s'apperçoit pas d'être ſur l'eau.

L'Academie Françoiſe de Paris s'eſt renduë ſi celebre dans l'Europe; qu'on fait une eſtime particuliere des Sçavans qui ont l'honneur d'en être membres. Elle fut établie par un Edit de l'an 1635. & le Cardinal de Richelieu s'en declara Protecteur: Le nombre des Academiciens eſt fixé à quarante. Academie Françoiſe.

Outre cette Academie, Paris en a encore trois autres; ſçavoir l'Academie Roïale de Peinture, qui s'aſſembloit au Palais Roial, & qui depuis quelques mois a été transferée dans les Galleries du Louvre; Celle de Peinture.

elle fut établie en vertu d'un Arrest du Conseil en 1648.

Celle des Sciences.

L'Academie Roiale des Sciences, composée de sçavans Phisiciens, établie par Monsieur Colbert en 1666. Et

Celle d'Architecture.

l'Academie Roiale d'Architecture que le même Monsieur Colbert établit en 1671.

Divertissemens.

A l'égard des divertissemens de Paris, personne n'ignore que cette Ville est centre du plaisir, qu'on n'y manque ni de belles voix pour l'Opera, ni de bons Acteurs pour les Comedies Françoises & Italiennes, ni enfin de belles Compagnies, soit pour la conversation, soit pour le jeu, & la galanterie. Ses beaux promenoirs sont aux Tuileries, au Cours-la-Reine, & dans les Bois de Boulogne & de Vincennes

Mais je m'apperçois que cet Article m'a mené un peu loin, ce qui m'oblige de laisser à part mille merveilles que Paris renferme, pour dire que les Etrangers n'en pourront connoître la beauté & la magnificence, qu'aprés y avoir fait un sejour considerable, & que les plus hautes idées que je pourrois leur en donner par une description plus étenduë, & mieux étudiée, n'approcheroit point de ce qu'elle est en effet.

CHAPITRE XXI.

Des environs de Paris.

APrés ce que j'ai dit de la grandeur, de la beauté & de la magnificence de Paris, on n'aura pas de la peine à croire que ces environs sont extrémement peuplez; aussi trouve-t-on dix mille Bourgs, Villages, ou Châteaux à dix lieuës à la ronde. Je dirai quelque chose des endroits les plus considerables, sans pretendre m'attirer la critique de ceux qui trouveront que je n'en rapporte pas fidellement toutes les beautez: Car je leur declare par avance que je ne m'engage pas à leur donner une piece achevée; en effet dés que l'on veut examiner les merveilles, les magnificences, & les richesses de toutes les Maisons Roiales des environs de Paris, on en est ébloüi, & on ne sçauroit les contempler sans être presque ravi en extase.

Du Regne de Louïs le Juste, Versailles n'étoit qu'un Château mediocre, composé d'un Corps de logis, accompagné de deux Aîles, & terminé par quatre Pavillons: mais en 1661. le Roi s'étant proposé d'y faire quelque sejour, fit augmenter ce Bâtiment par un plus superbe: Enfin en 1678. le vieux Château ne paroissant pas digne de la magnificence de nôtre

Versailles.

Grand Monarque, on l'abâtit pour en bâtir un plus superbe où, ce qu'il y avoit de Maîtres plus fameux en Europe pour l'Architecture, la Sculpture & la Peinture, y sont venus déploier toute leur science : Aussi la magnificence de chaque Appartement efface ce qu'il y a de plus rare dans les Païs Etrangers, & les seules Ecuries de Versailles sont plus belles & plus magnifiques que les Palais de plusieurs Princes de l'Europe. On a bâti une Ville des deux côtez du Château avec beaucoup de Cimetrie, qui n'est pas encore enceinte de murailles. Le Château est d'une si vaste étenduë, que non-seulement tous les Princes & Princesses du Sang y ont des

Appartemens grands & commodes, mais aussi tous les Ministres & Secretaires d'Etat, & quantité d'autres Seigneurs.

Le terroir de Versailles est naturellement sec & ingrat: mais Loüis le Grand a pour ainsi dire, forcé la nature de traiter plus favorablement un endroit qu'il avoit choisi pour sa demeure ; car non seulement la terre y produit toutes les plantes, les fruits & les fleurs des païs les plus fertiles du monde : mais à la faveur des Aqueducs, ce lieu abonde tellement d'eau, qu'on le prendroit plûtôt pour une mer lorsque toutes les machines joüent, que pour un Jardin de plaisance : & ce qu'il y a de particulier & d'incroiable, c'est que ces machines forment en l'air differentes figures avec leurs eaux. On y apperçoit des allées d'eau, des arcs de triomphe, des pavillons, des berceaux, des theatres, des montagnes, &c. Les plus beaux bassins sont ceux de Cerez, de Flore, d'Apollon, de Bachus. La Salle des festins, le labirinthe & le Parterre d'eau sont des machines dignes de la curiosité des Etrangers.

Toutes ces eaux sont tirées de la Seine, à la faveur de quantité de pompes renversées & conduites à Versailles par une certaine machine qui est la seule qu'on voie en Europe; elle est de l'invention de Messieurs de Ville

& Ranequin. Cet ouvrage qui peut le disputer aux sept merveilles du Monde, est composé de quatorze rouës qui ont vingt-huit mouvemens, consistant en vingt chaînes & huit équipages d'eau, avec lesquels on fait monter l'eau sur un aqueduc de trente-six grandes arcades, bâti sur la montagne, & élevé de cinq cents soixante-dix pieds du bord de la riviere. Tous ces mouvemens agissent nuit & jour, n'y aiant que dix-huit hommes en trois differens corps de garde qui y ont l'œil. Tous les étrangers y admirent un effet de la grandeur & de la gloire du Roi, & l'étenduë du genie des Inventeurs de cette machine, qui n'est pas encore dans ſa derniere perfection; car on doit y ajoûter quelques roües & d'autres ouvrages, dont Monſieur de Ville (qui ne ſe rend pas moins recommandable par les manieres obligeantes, dont il reçoit ceux qui vont voir ſa ſurprenante machine, qu'il l'eſt par ſon ſçavoir, par ſon merite & par ſes autres belles qualitez) m'a fait la grace de me montrer les deſſeins.

Trianon. Ceux qui voudront voir les Appartemens de Verſailles, les Jardins, le Parc, la Menagerie, où il y a toute ſorte d'animaux; ſes grotes, ſes labirinthes, & le Château de Trianon, qui eſt un veritable bijou, tout travaillé en dehors & en dedans avec du marbre de diverſes couleurs ; il leur faut pour le moins huit jours de tems, encore n'en auront-ils pas assez pour considerer toutes ces merveilles qui surpassent toute imagination.

Marli.

Le Château de Marli qui est à une petite lieuë de Versailles, est une autre Maison Roiale, où le Roi va ordinairement deux fois le mois y passer deux à trois jours, pendant lesquels Sa Majesté ne donne aucune audiance à personne, si ce n'est à ses Ministres & à ceux qui sont mandez pour assister au Conseil, que Sa Majesté y tient touchant les affaires d'Etat les plus importantes.

S. Germain.

Aprés Versailles, S. Germain en Laie le peut disputer aux autres Maisons Roiales. Le

Roi & la Reine d'Angleterre aiant été obligez par la trahison de leurs sujets, la desertion de leur armée, & l'usurpation que le Prince d'Orange a fait de leur Couronne, de venir chercher un asile en France ; le Roi qui a toûjours été le Protecteur des Souverains injustement persecutez, a assigné le séjour de la Cour d'Angleterre à saint Germain, jusqu'à ce qu'il plaise au Dispensateur des Sceptres & des Couronnes; de les rétablir sur le Trône de la Grand' Bretagne.

¶ Outre la regularité & la magnificence du Château, on peut voir les Jardins & les Grotes ornées de mille figures d'eau. On voit dans une de ces grotes un Orphée qui joüe de ſa lire, & marque par des mouvemens de la tête & du corps la cadanſe de ſon inſtrument : cela eſt accompagné d'un aſſemblage de toute ſorte de bêtes qui le ſuivent, enchantées des doux acords de ſa lire, qui lui attire auſſi des hommages des rochers, des arbres & des plantes : on y remarque le Paradis, l'Enfer, la Mer & les quatre Elemens ſi bien repreſentez, qu'on croit être dans un lieu enchanté.

Saint Clou eſt une autre Maiſon Roiale fort belle, appartenant à Monſieur Frere Unique du Roi : elle eſt ſur une hauteur au bord de la riviere de Seine, à peu prés à moitié chemin de Paris à Verſailles, où il ſera facile de faire S. Clou.

quelque chose de beau & à moins de frais qu'à Versailles. Les Peintures y sont tres-belles, les Ameublemens fort riches, & le Cabinet de la Chine, dans lequel il y a une infinité de choses curieuses, & d'une richesse immense, est digne de la Grandeur & de la magnificence du Prince à qui il appartient.

A l'égard du Château de Madrit François I. le fit bâtir dans le Bois de Boulogne en memoire de ce qu'il avoit été mené Prisonnier en Espagne, pour faire connoître aux Espagnols qu'il ne tenoit pas à honte d'avoir été fait Prisonnier de Guerre à la tête de son Armée, ce qui ne lui seroit pas arrivé s'il s'étoit contenté de commander de son Cabinet, comme font les Rois d'Espagne. Ceux qui croient que ce Château est de la même structure que celui où ce Monarque fut mis prisonnier, se trompent fort, car ils n'ont presque rien de semblable : Il n'est plus si magnifique qu'il a été autrefois, & la negligence qu'on a à le reparer, fait bien connoître qu'on se soucie fort peu de sa destruction.

Le Château de Vincenes est renommé parce que c'est ordinairement le lieu où l'on met les Prisonniers de Guerre de consideration, & même souvent des Prisonniers d'Etat. Quoi-qu'il soit fort grand, & flanqué de huit grosses Tours, il ne put pourtant pas contenir tous ceux que Monsieur de Luxembourg

Vincenes.

fit à la Bataille de Flurus le premier de Juillet 1690. On y remarque comme Prisonnieres lès Chaînes de Paris que Charles VI. fit enlever aprés qu'il eut châtié cette Ville de sa Revolte.

Fontainebleau Fontainebleau est une autre Maison Roiale ainsi appellée de la quantité d'eau vives qui y abondent : elle est à environ douze lieuës de Paris, & comme c'est un Païs propre pour la Chasse, la Cour y passe toûjours une partie de l'Automne. Ce Château est fort grand, on dit qu'il contient neuf cents Chambres, Salles, Cabinets, ou Galleries, où l'Art s'est épuisé pour rendre tous ces endroits dignes du sejour de nos Rois. C'est à Fontainebleau où le Maréchal

chal de Biron fut desarmé par ordre du Roi, & où le Cardinal du Perron & le sieur du Plessis-Mornai s'assemblerent en presence d'Henri IV. pour disputer sur les matieres de Religion, qui y avoient attiré les plus Sçavans des deux Partis ; & on dit que ne pouvant tomber d'accord, le Roi s'adressant au Cardinal, lui demanda si tous ceux qui étoient separez de l'Eglise Catholique Romaine étoient damnez, cette Eminence & les autres Docteurs Catholiques, l'assurerent qu'il n'y avoit rien de si certain ; qu'ensuite Sa Majesté aiant demandé à ceux du parti Protestant, s'ils enseignoient qu'il n'y eût absolument point de salut pour ceux qui n'étoient pas de leur

Communion, ils répondirent que ce n'étoit pas là leur sentiment, & qu'ils croioient que la Misericorde de Dieu pouvoit s'étendre sur tous les hommes: *Cela étant*, repliqua le Roi, *je suis d'avis de prendre le certain préferablement à l'incertain*, & que depuis il avoit toûjours paru bon Catholique.

Châtilli. Chantilli est une belle Maison appartenant à Monsieur le Prince, où la Cour va souvent prendre les divertissemens de la Chasse; c'est un abregé de l'Art & de la Nature. On remarque que le Roi Henri IV. pour répondre à une lettre qu'il avoit reçûë du Roi d'Espagne, remplie des Titres que ces Monarques prennent, non-seulement des

Etats qu'eux & leurs Ancêtres ont poſſedez, mais encore de ceux qu'ils n'ont jamais eus, & même des Terres du nouveau Monde, qui n'ont pas encore été découvertes: Henri le Grand, dis-je, ne prit que la qualité de *Bourgeois de Paris, & Seigneur de Gentilli.* François I. en avoit à peu prés agi de la ſorte écrivant à Charles-Quint; car la premiere page fut remplie de ces mots rëiterez, *Roi de France, Roi de France,* ajoûtant à la fin de la page *Seigneur de Vanvres & de Goneſſe.*

Je ne dirai rien d'une infinité d'autres belles Maiſons de plaiſance des environs de Paris, comme Ruel, Meudon, Conflans, Seaux, &c. qui ſont toutes capables de loger des Rois, ſoit à l'égard de leur grandeur, ſoit pour la magnificence qui les accompagne; Il me reſte à parler de Saint Denis, le lieu de la Sepulture de nos Monarques; mais je lui deſtine un Article particulier. Avant de finir celui-ci je dois dire, que c'eſt à Alincourt prés de Paris, où l'on voit le Tombeau de cette Mere & de cet Enfant qui ont donné lieu à l'Epitaphe ſuivante.

Alincourt.

Cy gît le Fils, ci gît la Mere,
Ci gît la Fille, avec le Pere
Ci gît la Sœur, ci gît le Frere
Ci gît la Femme & le Mari
Et n'y a que trois Corps ici.

Pour expliquer cette Egnime à ceux qui l'ignorent, il faut sçavoir qu'un jeune Garçon solicitant la Servante de la maison à lui accorder je ne sçai quoi, elle en avertit sa Maîtresse, Mere de ce jeune Homme, qui étoit Veuve: Elle lui fit donner rendez-vous la nuit dans sa chambre, où la Mere se rendit à la place de la Servante, & aiant eu la Compagnie de son Fils sans se faire connoître, à neuf mois de là elle accoucha secretement d'une Fille, qu'elle fit élever jusqu'à un certain âge qu'elle la prit auprés d'elle. Le Fils qui avoit été cependant faire un voiage de plusieurs années, étant de retour, & trouvant cette Fille jolie, que sa Mere disoit être Orpheline, il l'épousa, de ſorte que de ſa Fille & de ſa Sœur, il en fit ſa Femme. Les jeunes Gens moururent avant la Mere, qui declara ce ſecret, & voulut être enterrée auprés d'eux.

CHAPITRE XXII.

De Saint Denis.

Saint Denis. SAint Denis eſt une petite Ville dans l'Iſle de France, à deux lieuës de Paris; elle s'appelloit autrefois Catuliaque; Elle a changé de nom à l'occaſion de Saint Denis l'Areopagite, qui avoit été décapité à Montmartre, & porta ſa tête entre ſes mains juſqu'à Catuliaque, c'eſt-à-dire environ une lieuë & demie. Le Roi Dagobert y fit bâtir une tres-belle Eglise qui a trois cents pieds en longueur, deux cents en largeur, & quatre-vingts en hauteur, soûtenuë par soixante pilliers. C'est presentement une Abbaie Roiale de l'Ordre de Saint Benoît, où sont en Dépôt tous les Ornemens du Sacre & Couronnement de nos Rois, qui n'augmentent pas peu l'éclat & la richesse du Tresor de cette Abbaie : Cette Eglise est encore celebre par la Sepulture de nos Monarques, & de toute la Famille Roiale. Voici une Liste des Rois & Reines dont les Tombeaux se voient dans l'Eglise de Saint Denis.

Dagobert mort en l'an 638.

Clovis II.	656
Clotaire III.	664
Thieri I.	690
Clotaire IV.	720
Childeric III. Moine.	
Pepin le Bref.	768
Charles le Chauve.	877
Loüis III.	882
Carloman.	884
Eudes.	898
Hugues Capet.	997
Robert.	1033
Henri I.	1060
Philipe I.	1131
Loüis VI.	1137
Philippe II.	1223
Loüis VIII.	1226
S. Loüis IX. du nom.	1270
Philippe III.	1285
Philippe IV.	1314
Loüis X.	1316
Jean I.	1316
Philippe V.	1322

Charles IV. 1328
Philippe VI. dit de Valois. 1350
Jean II. 1364
Charles V. 1380
Charles VI. 1422
Charles VII. 1461
Charles VIII. 1498
Loüis XII. 1515
François I. 1547
Henri II. 1559
François II. 1560
Charles IX. 1574
Henri III. 1589
Henri IV. 1610
Loüis XIII. 1643

Liste des Reines qui ont leur Sepulture à Saint Denis.

Nantilde, femme de Dagobert.

Berthe, femme de Pepin.

Hermintrude, femme de Charles le Chauve.

Constance, femme de Robert.

Marguerite, femme de Saint Loüis.

Isabeau, femme de Philippe III.

Jeanne d'Evreux, femme de Charles IV.

Jeanne, femme de Philippe VI.

Jeanne, Reine de Navarre.

Jeanne, femme de Charles V.

Isabeau, femme de Charles VI.

Marie, femme de Charles VII.

Claude, femme de François I.

Blanche, seconde femme de Philippe VI.

Anne de Bretagne, femme de Loüis XII.

Catherine de Medicis, femme d'Henri II.

Marguerite, Reine de Navarre.

Marie de Medicis, femme d'Henri IV.

Anne d'Autriche, femme de Loüis XIII.

Henriette Marie, Reine d'Angleterre.

Marie Therese d'Autriche, femme de Loüis XIV.

Et Marie Anne Christine Victoire de Baviere, Dauphine de France, decedée en 1690.

Je ne mets pas ici les Tombeaux des Enfans de France, ni ceux des Princes & Princesses du Sang, non plus que ceux des Corps Saints qui reposent dans cette Eglise, parce que je serois trop long & ennuieux, & je crois que le Lecteur aura plus de plaisir à lire l'Inventaire que je vais lui donner, des choses les plus remarquables qu'on voit dans le Tresor de Saint Denis qui fait tant de bruit dans le monde, & qui seul y attire un grand nombre d'Etrangers.

Avant de monter dans la Sale où ce Tresor est renfermé, on pourra voir au-dessus du Maître Autel, une Croix d'or de sept pieds de haut, enrichie de pierreries, & de grosses Perles d'Orient.

Une Table d'or de cinq pieds de long, & de trois de haut, au milieu de laquelle on voit en relief un Sauveur, six Apôtres, & quatre Anges, le tout d'or, & enrichi de Pierreries, de Perles d'Orient, d'une Aigue-marine, d'une Topase, & de deux Grenats admirables.

Et une autre Croix d'or de six pieds de haut, enrichie de Pierres precieuses.

Lorsque l'on est monté dans la Sale, on trouve dans la premiere Armoire, en entrant à droite ce qui suit.

Une grande Croix d'or massif, couverte de Rubis, de Saphirs, d'Emeraudes, & de Perles Orientales, & sous la Croison un morceau (qu'on dit être) du Bois de la vraie Croix, de la longueur d'un pied & demi.

Un Reliquaire d'or qui renferme un Crucifix fait du même Bois par les mains du

Pape Clement III.

L'Oratoire de Philippe Auguſte enrichi d'une infinité de pierreries, qui renferme trente-quatre ſortes de Reliques, parmi leſquelles on compte une Epine de la Couronne de Nôtre-Seigneur, l'Eponge avec laquelle on lui preſenta le fiel & le vinaigre, un morceau de ſa Robe, une Phiole remplie du Sang & de l'Eau ſortis de ſon Côté; de la Mirrhe des Mages, &c.

Un des Cloux avec leſquels Nôtre Seigneur fut attaché à la Croix.

Une Image de la Sainte Vierge de vermeil doré, qui tient d'une main un Reliquaire où l'on dit qu'on conſerve de ſes propres Cheveux, & quelques morceaux de ſes Habits.

Un autre de même, qui tient aussi un Reliquaire où l'on reserve des Linges qui ont servi à la Sepulture de Nôtre-Seigneur.

Un Image de même métail de Saint Jean l'Evangeliste, avec une de ses Dents.

Un Reliquaire d'or dans lequel on assure qu'il y a des Ossemens de plusieurs Saints.

L'os d'un Bras de Saint Eustache.

Un semblable Os de Saint Simeon, dans un Reliquaire d'or enchassé de pierreries.

Une des Cruches de Cana.

Les deux Couronnes du sacre d'Henri IV. dont l'une est d'or, & l'autre de vermeil.

Le Sceptre & la Main de Justice en argent du même Roi.

Deux belles Mîtres d'Abbez, dont l'une est à fonds de perles enrichie de pierreries.

Une fort belle Crosse d'Abbé.

Et un Bâton d'argent doré enrichi de pierreries.

Dans le second Armoire.

Une Image de vermeil de Saint Hilaire enrichie de pierreries & de perles.

Une grande Croix d'or massif enrichie de Grenats, de Saphirs, & de perles.

Un Reliquaire d'argent doré avec un doigt en chair & en os de Saint Barthelemi.

Un autre de même où l'on voit un Os que l'on dit être de l'Epaule de Saint Jean-Baptiste.

Une Croix d'argent doré avec un morceau de la vraie Croix.

Une Image d'argent doré de Saint Denis l'Areopagite.

Une autre de même, de Saint Nicolas.

Une autre de Sainte Catherine.

Un Oeil de Saint Leger Evêque d'Autun.

Un Reliquaire d'argent doré, qui renferme des Reliques du Prophete Isaïe.

Un autre de même, avec un Os de Saint Pantaleon.

Un autre de Cristal, avec des Cheveux & des vêtemens de Sainte Marguerite.

Un autre d'argent, où l'on conserve, dit-on, la Lepre que Nôtre-Seigneur ôta au Lepreux, dont parle l'Evangile.

Un Aigle d'or enrichie de pierreries, qui servoit d'agraphe au Manteau de Dagobert.

Le Sceptre d'or émaillé de Dagobert.

Une Hiacinthe Orientale.

Les deux Couronnes du Sacre de Loüis XIII. l'une d'or & l'autre de vermeil.

Une Couronne de vermeil, qui a servi à la Pompe funebre d'Anne d'Autriche;

Une Image de Nôtre-Dame d'ivoire, enrichie de pierreries.

Un Missel écrit à la main, & dont la couverture est enrichie de lames d'or.

Un Manuscrit des Quatre Evangelistes, écrit depuis onze cents ans en lettres d'or & d'argent sur du velin pourpré.

Dans la troisiéme Armoire.

Le Chef de Saint Denis en or enrichi de pierreries ; sa Crosse de bois couverte d'or, & de pierreries ; aussi-bien que son bâton de voiage.

La Main droite en chair & en os de l'Apôtre Saint Thomas, dans une Chasse d'or enrichie de diamans, de rubis, & de grosses perles.

Un Reliquaire de vermeil, où à travers d'un cristal on voit la Machoire inferieure de Saint Loüis.

La Couronne du même Saint Loüis, d'or massif enrichie de pierreries.

Un Anneau d'or garni d'un Saphir où son Image est gravée avec ces lettres S. L.

Une Epée qu'il apporta de ſon premier voiage de la Terre-Sainte.

Une Taſſe de Bois de Tamaris dans laquelle il beuvoit.

Un Reliquaire qu'il portoit ſur lui dans ſes voiages, avec un Os de Saint Denis.

Sa Main de Juſtice d'argent doré.

L'agraphe de ſon Manteau de même, & enrichie de pierreries.

Un Calice d'Agate Orientale, avec quantité de pierreries.

L'Effigie de la Reine de Saba, ſur un Camahieu d'Agate.

Une Gondolle d'Agate d'Onix.

Les deux Couronnes de Loüis XIV. dont l'une eſt d'or, & l'autre de vermeil.

Dans la quatriéme Armoire.

Une grande Image de Saint Benoît d'argent doré extrémement riche.

Une grande Croix d'or massif entourée de perles, & enrichie de gros Saphirs.

L'Oratoire de Charlemagne tout d'or, dont les Saphirs, Emeraudes, Aigue-Marines, & les Perles d'Orient qui y abondent, en relevent extrémement le prix. Cet Oratoire renferme un Bras de Saint Georges.

La Couronne de Charlemagne toute d'or, & enrichie de même que cet Oratoire. On la porte à Rheims au Sacre de nos Rois, avec le Sceptre, la Main de Justice, les Eperons, l'Epée, l'Agraphe du Manteau, & le Livre des Ceremonies & Prieres du Sacre; tous ces Ornemens sont d'une richesse digne de l'usage qu'on en fait.

La Couronne d'or de Jeanne d'Evreux enrichie de Rubis, de Saphirs, & de Perles, sert au Couronnement des Reines, qui se fait à Saint Denis.

Plusieurs Vases d'or, de Cristal, & autres fort riches.

Le Portrait de Neron sur une Agate, qui passe pour une des plus belles curiositez du Tresor.

Dans les autres Armoires en general.

Il y a encore quatre autres

Armoires qui ne renferment pas de ſi grandes richeſſes : ce n'eſt pour la plûpart que des Reliques, ou des Antiquitez, dont voici les plus remarquables.

Une Chaſſe de vermeil, enrichie de pierreries, où eſt enfermé le Corps de Saint Loüis.

La Lanterne de Judas; l'Epée de la Pucelle d'Orleans; la Corne d'une Licorne de ſept pieds de long, une Eſcabelle de cuivre, qu'on dit avoir ſervi de Thrône à Dagobert.

Outre tout ce dont je viens de donner la Liſte, il y a encore beaucoup d'autres choſes remarquables, que je n'inſere pas ici, pour ne pas me rendre trop ennuieux : &

pour finir ce Chapitre, j'avertirai les Curieux que les Religieux qui font voir le Thresor, expliquent fort nettement tout ce que dessus, & marquent le temps & la maniere que ces Curiositez y ont été portées.

CHA-

CHAPITRE XXIII.

De la Normandie & Païs du Maine.

LA Normandie est une fort grande Province de France, avec titre de Duché, qui a au Levant l'Isle de France & la Picardie, l'Ocean au Septentrion, la Bretagne au Couchant, & la Beausse & le Maine au Midi ; sa longueur est d'environ soixante-douze lieuës, & sa largeur de trente : son nom est entierement Alleman ; car *Noort Man* signifie homme du Nort, aussi lui fut-il donné par les Peuples Septentrionaux qui pirateient Normandie la mer, & qui vinrent s'établir en Normandie, & ravagerent jusqu'aux portes de Paris : aprés quoi ils subjuguerent l'Angleterre ; mais à leur tour les Anglois envahirent la Normandie. Philippe Auguste réünit cette Province à la Couronne de France, & Charles VII. en chassa les Anglois.

Cette Province étant la plus Septentrionale du Roiaume, est aussi la plus froide ; elle est divisée en Haute & Basse : elle abonde en toute sorte de fruits, principalement en poires & en pommes, dont ils font du cidre qui leur tient lieu de vin ; car ils n'en ont que celui qu'ils tirent des Provinces voisines. A l'égard du bled, elle en recueille plus qu'elle n'en a besoin pour l'entretretien de ses habitans. L'humeur du commun peuple ne lui fait pas honneur ; il passe pour avoir plus de défauts que de perfections : on accuse les Normans de cette classe d'être coleres, chicaneurs pour la moindre chose, & à n'être pas fort esclaves de leur parole lorsqu'il y va de leur interêt. Aussi lorsqu'on traite avec un Normand, on lui demande s'il veut se servir des privileges de la Province, c'est-à-dire retracter sa parole lorsque le marché sera conclu ; & lorsqu'un homme a manqué à sa parole, on dit communément *c'est un Normand* : mais on doit excepter de ce rang la Noblesse & les gens bien élevez qui ont l'honneur en partage. Au reste, ils ont tous pour le moins autant d'antipathie pour les Bretons, que les Bretons en ont pour eux.

Roüen. Roüen est la Capitale de cette Province, avec Archevêché & Parlement : elle est située sur le bord de la riviere de Seine, & si voisine de la mer, qu'il ne faut pas s'étonner si elle est une des plus belles, des plus marchandes & des plus riches Villes du Monde. Parmi ce qu'elle a de plus remarquable, on doit admirer son pont de bâteaux sur la Seine, de deux cents soixante-dix pas de longueur ; car quoi-qu'il soit tout pavé, & paroisse aussi ferme qu'un pont de pierre, il ne laiſſe pas de s'élever & de s'abaiſſer à proportion que le flux & reflux de la mer agite l'eau.

Son Château eſt défendu par onze groſſes tours à qui tous les vaiſſeaux qui entrent ou ſortent du Port, font un hommage de trois coups de canon. Les fortifications ſont regulieres & d'une bonne défenſe.

Son Egliſe Cathedrale eſt dediée à la Sainte Vierge ; on y voit pluſieurs Mauſolées des Ducs de Normandie, & un treſor dans la ſacriſtie, qui étoit bien plus conſiderable avant que les Religionnaires l'euſſent pillé pendant les guerres civiles du dernier ſiecle. Il y a trois tours pour lui servir de clocher : dont l'une est si haute, qu'il faut monter cinq cents cinquante degrez avant de trouver la grosse cloche qu'on appelle George d'Amboise, à cause qu'elle fut faite par ordre du Cardinal de ce nom. Sur le portail de cette Eglise, on voit un Arc de Triomphe, sur lequel le Roi Henri IV. paroît chasser les Lions & les Loups de sa bergerie, & la Ligue enchaînée qui ronge sa chaîne ; le Roi d'Espagne regarde ces Trophées d'un air pensif & mélancolique.

Il y a de tres-beaux Edifices à Roüen, tant saints que profanes, qui sont des marques de son ancienneté, & les étrangers ne manquent pas d'aller voir la place où les

Anglois firent brûler la pucelle d'Orleans, qui cependant n'a rien de fort curieux.

La Normandie a encore plusieurs autres bons Ports de mer; celui de Saint Valeri est un des plus commodes : celui de Diepe est beaucoup plus fort, ses Matelots sont en reputation. On y excelle en tout ce qui regarde la marine; car les boussoles de mer & les cadrans qu'on y fait, passent pour les meilleurs du monde : on y fait aussi de fort beaux ouvrages en yvoire & en écaille de tortuë. La Ville est separée du fauxbourg par la riviere d'Arques, & commandée d'un bon Château. Elle a beaucoup souffert dans le siecle passé, des guerres civiles & de celles des Anglois.

S. Valeri.

Diepe.

Havre de Grace.

Le Havre de Grace eſt encore une Ville maritime fort conſiderable, ſituée à l'embouchure de la riviere de Seine. Son Port paſſe pour un des meilleurs de la Manche. François Premier commença à la fortifier ; les Religionnaires s'en étant ſaiſis en 1562. lá remirent par une noire trahiſon aux Anglois, ſur leſquels Charles IX. la reprit. Loüis XIII. y fit bâtir une citadelle flanquée de quatre baſtions, & Loüis le Grand a achevé de rendre cette place imprenable, par les fortifications regulieres qu'on y a faites de nos jours. Le commerce qu'elle fait avec toutes les Nations Etrangeres enrichit extrémement ſes habitans.

Evreux est une Ville fort ancienne, avec Evêché & Siege Présidial : elle a eu ses Comtes particuliers ; on y voit encore de belles marques d'antiquité. Evreux.

Caën situé sur la riviere d'Orne, est moins illustre par son ancienneté, que par ses privileges & par ses differens Tribunaux ; car elle a un Siege Présidial, Bailliage, Election, Generalité, Bureau des Finances, & une celebre Université pour le Droit civil & canon, fondée en 1411. par Henri VI. Roi d'Angleterre. Elle a eu le même sort de toutes les autres Villes de Normandie ; je veux dire qu'elle a beaucoup souffert des troubles qui agiterent la Monarchie Françoise pen- Caën.

dant le ſeiziéme ſiecle.

Mont S. Michel. Le Mont Saint Michel eſt un bourg conſtruit au pied d'une montagne, au ſommet de laquelle on a conſtruit une Egliſe & Abbaïe dediée à S. Michel Archange, avec un fort beau Château. Le flux de la mer en forme une Iſle, couvrant prés d'une lieuë de terrain entre la montagne & la terre ferme, que le reflux ſeche enſuite. Cependant ceux qui y vont doivent bien meſurer le tems de ce mouvement des eaux ; car s'ils en étoient ſurpris dans cette plaine ſabloneuſe, ils courroient riſque d'être ſubmergez : ce qui arrive fort ſouvent.

Le Maine. Le Maine eſt une Province avec titre de Duché, qui eſt bornée par la Normandie au

Septentrion, le Perche, le Vandômois & la Beausse au Levant, la Bretagne au Couchant, la Touraine & l'Anjou au Midi ; cette Province est fertile en vin, bled, fruits & bétail : elle a quelques mines de fer. On attribuë aux Manceaux les mêmes défauts qu'aux Normands ; & à l'égard du peu d'exactitude à tenir leur parole, on dit par une espece de proverbe, *qu'un Manceau vaut un Normand & demi.*

Sa Ville Capitale est le Mans, située sur les bords de la riviere de Sarte, avec Evêché & Siege Présidial : elle est fort ancienne, & passoit pour une des plus considerables des Gaules du tems de Charlemagne : mais elle

Le Mans.

n'a plus que de tristes restes de ce qui la rendoit autrefois si illustre.

CHAPITRE XXIV.

De la Picardie.

Picardie. LA Picardie est une fort grande Province, aiant la Champagne au Levant; l'Isle de France au Midi; la Normandie & partie de la Manche, ou Mer Occeane au Couchant; l'Artois & la Flandre au Septentrion: elle est fertile en grains & en fruits. On dit communément que les Picards ont la tête chaude, & que se piquant de peu de chose, on évite volontiers leur compagnie, crainte de s'engager dans quelque querelle, qui ont presque toutes de suites funestes.

Amiens sur la Somme, avec Evêché, Présidial, Bailliage, & Generalité, est la Capitale de Picardie : Elle a été prise plusieurs fois dans les Guerres précedentes ; les Espagnols entre autres la prirent à coups de Noisettes au mois de Mars 1597. comme nous l'apprend le sçavant M. Hardoüin de Perefixe, ci-devant Precepteur du Roi, dans son Histoire d'Henri le Grand. Les Espagnols qui étoient pour lors Maîtres de l'Artois, sçachant qu'Amiens n'étoit gardée que par des Bourgeois, formerent le dessein de la surprendre ; dans cette vûë ils firent avancer à la faveur de la nuit Amiens.

quelques Troupes qu'ils mirent en embuſcade ; lorſque la Porte fut ouverte, des Soldats, traveſtis en Païſans, conduiſant quelques Chariots, dont un étoit chargé de Noix, ils en épancherent un ſac à la Porte, comme par mégarde, & la Garde s'amuſant à les amaſſer, les Païſans ſuppoſez embaraſſerent la Porte de la Ville avec leurs Charettes, pendant que les Eſpagnols qui étoient cachez s'avancerent, & ſe ſaiſirent de la Ville par ce ſtratageme : mais ils ne la garderent pas long-tems ; car Henri IV. la reprit de vive force peu de mois aprés, & y fit bâtir une Citadelle pour la mettre à couvert de ſemblables inſultes ; on voit encore aujourd'hui ſur une de ses Portes ce Distique.

Amiens fut prise en Renard,
& reprise en Lion.

Son Eglise Cathedrale est tres-belle, & passe pour avoir la plus belle Nef du Rojaume; elle est dédiée à la Sainte Vierge, & a un riche Tresor, où parmi les Reliques qui le composent, on voit un Chef de Saint Jean, qu'on y a apporté de Constantinople, & dont la Chasse est enrichie de quantité de pierreries.

Les autres principales Villes de Picardie, sont Soissons, Laon, Noyon, qui sont trois Villes Episcopales: Cette derniere est en veneration aux Protestans, à cause que Jean Calvin, leur Reformateur, y prit naissance.

Soissons, Laon, Noion.

Senlis. Senlis est aussi une Ville Episcopale avec Siege Présidial. Il y a de tres-belles Maisons de plaisance aux environs, comme Verneuïl, Chantilli, Dreux, & Anet, qui est une Maison digne du sejour d'un Roi, & où Monseigneur le Dauphin va souvent prendre les plaisirs de la Chasse. Parmi les merveilles de ce Château on doit prendre garde à son Orloge ; lors que l'heure doit sonner, on voit environ quinze ou dix-huit Chiens de Bronze marcher & aboier, ensuite un Cerf de même matiere, plus grand que le naturel, sonne les heures de son pied.

Anet.

On joint ordinairement le Bourbonnois & la Comté d'Oie à la Picardie ; le premier a Boulogne pour sa Maîtresse Ville, & l'autre Calais, qui sont deux Ports de Mer dans la Manche d'Angleterre bien fortifiez, principalement le dernier qui est situé dans l'endroit le plus étroit de ce Canal, qu'on appelle ordinairement le Pas de Calais, & d'où avec des Lunéttes d'approche, on peut voir marcher les Anglois sur leurs Côtes.

Boulogne.

Calais.

L'Histoire remarque que lorsque les François en chasserent les Anglois, un Officier du Duc de Guise demanda en raillant à un Anglois, *quand reviendrez-vous*, & que l'autre lui répondit, *lorsque vos crimes seront au comble, & que nous serons moins méchans que vous.* Donnant par-là à entendre que les Anglois ne pouront jamais y remettre le pied, tant que la Nation Françoise sera bien unie à son Chef.

CHAPITRE XXV.

De la Champagne.

Champagne.

LA Champagne a titre de Comté, elle est bornée au Levant par la Lorraine, & partie de la Franche-Comté, au Couchant elle a la Picardie & l'Isle de France, la Bourgogne au Midi, le Hainaut & le Luxembourg au Septentrion. Son étenduë du Midi au Septentrion est d'environ soixante-dix lieuës. Elle est fertile en grains & en bêtail,

& son vin est recherché pour les Tables des Princes & des grands Seigneurs. Les Champenois sont un peu opiniâtres: Cependant ils sont sages, obligeans, & les ennemis irreconciliables des Impies & des Libertins.

Rheims la Capitale de cette belle Province peut se vanter d'être une des plus anciennes, des plus belles, & des plus illustres du Roiaume : Car son Archevêque a l'avantage d'être le premier Duc & Pair de France. Le Roi, qui est le plus juste Estimateur du merite des personnes, connoissant celui de Messire Chárles Maurice le Tellier, fils de feu Messire Michel le Tellier, Grand Chancellier de France, l'a pourvû de cet Archevêché. Rheims

La Metropole de Rheims eſt dédiée à Nôtre-Dame, ſon Portail eſt le plus beau de France ; & c'eſt dans cette Egliſe où nos Rois ſont Sacrez par ſon Archevêque, avec de l'Huile qu'on conſerve dans une ſainte Ampoule, qui fut envoiée du Ciel au Sacre de Clovis, premier Roi Chrêtien.

Cette Ville eſt encore celebre par ſon Siege Préſidial, par ſon Bailliage, & par ſon Univerſité pour toutes les Facultez, que le Roi Henri II. y fonda avec l'approbation du Pape Paul III.

Châlons. Châlons peut paſſer pour la ſeconde Ville de Champagne, quoique Sens le lui diſpute, parce qu'elle a un Archevêché, & celle-ci n'a qu'un

Evêché, avec titre de Comté: Sa Cathedrale dédiée à Saint Estienne est une fort belle Eglise. La Ville est dans une agreable situation, sa Generalité & son Siege Présidial la rendent recommandable.

Troies est une autre fort belle Ville extrémement ancienne, elle a aussi un Siege Présidial, & un Bailliage. La Cathedrale est consacrée à Saint Pierre, on y conserve beaucoup de riches curiositez; on y fait voir des Cheveux qu'on dit être de ceux de Nôtre-Seigneur; un plat qui servit le soir de la Cene, une Dent de Saint Pierre, & le Corps de Sainte Heleine, qui paroît encore tout frais. Troies.

Il y a beaucoup d'autres Villes considerables comprises dans la Champagne, comme Langres, Sens, Auxerre, &c. dont je ne parle point ici, tant à cause que j'ai déja touché quelque chose de ces deux dernieres Places lorsque j'ai parcouru le Nivernois, dans le Chapitre XIV. de ce Volume, que parce que je ne me suis pas proposé de faire une description particuliere de toutes les Villes de France, ne m'étant attaché qu'à ce qu'il y a de plus digne de la curiosité d'un Voiageur.

Je ne pretends pas, par ce que je viens de dire, insinuer que la France n'a d'autres beautez ni d'autres raretez que celles que j'ai remarquées : au contraire, je puis aſſurer les Etrangers qui ont oüi raconter les merveilles de ce Puiſſant & floriſſant Etat, & qui voudront les venir voir ; qu'ils ſeront auſſi ſurpris que la Reine de Saba le fut lors qu'elle vit la magnificence de la Cour du plus ſage de tous les Rois, & avouëront comme elle, que tout ce que la Renommée leur en avoit appris, n'approche que de fort loin la verité de la choſe.

CHAPITRE XXVI.

De la Lorraine, & du Païs Conquis.

COmme nôtre invincible Monarque a réüni à la Couronne la Duché de Lorraine, soit par droit de Conquête, soit en vertu de la donation ou cession que Charles III. en fit à Sa Majesté en 1662. je me trouve obligé d'en joindre ici une petite description. Elle est bornée de la Champagne au Couchant, de l'Alsace & Palatinat du Rhin au Levant, du Luxembourg au Septentrion, & de la Bourgogne au Midi. Elle fût autrefois le

Lorraine.

partage

partage de Lothaire, qui lui donna son nom; & les Allemans l'appellent encore aujourd'hui *Lottheringe.* Le Peuple a toûjours été fort beliqueux, & les Lorrains sont encore estimez fort bons Soldats.

Nanci est la Capitale de la Lorraine, & c'étoit où ses Ducs faisoient autrefois leur sejour. Ses autres Villes principales sont Toul, Mets, & Verdun, qui ont chacune un Evêché. Nanci, Toul, & Verdun.

Le Roi Loüis XIII. honnora la Ville de Mets d'un Parlement en 1633. ce qui la rend la plus recommandable de toute la Province; son Eglise Cathedrale est consacrée à Saint Estienne, on y voit un Vase de Porphire Mets.

rouge, long de plus de dix pieds tout d'une piece, qui ſert à tenir l'Eau Benîte.

Cette Province abonde en toute ſorte de beſtiaux ; Elle a des Sallines, & d'excellent Poiſſon, on y trouve des Mines d'Argent, de Cuivre, de Fer, & de Plomb : On trouve auſſi des Perles, des Pierres d'azur, & de la matiere pour faire de bons Miroirs au pied du Mont Voſege. Voilà ce que j'avois à dire preſentement de la Lorraine : A l'égard du Païs Conquis, j'ai deſſein, s'il plaît à Dieu, d'en traiter dans un Volume particulier, qui aura pour titre *les Conquêtes du Grand-Loüis.* Ainſi je remarquerai ſeulement qu'on comprend ſous ce mot de Païs-Conquis, les Pro-

Païs-Conquis.

vinces, que le Roi a Conquis dans les Païs-Bas sur l'Espagne comme l'Artois, le Luxembourg, le Haïnaut, la Comté de Namur, & partie de la Flandres, les principales Villes sont Arras, Cambrai, Tournai, Doüai, Valanciennes, Lisle, Dunkerque, Luxembourg, Mons, & Namur, qui sont toutes des Places imprenables entre les mains des François.

FIN.

www.ingramcontent.com/pod-product-compliance
Ingram Content Group UK Ltd.
Pitfield, Milton Keynes, MK11 3LW, UK
UKHW020555230726
13926UKWH00005B/2029

9 782013 631280